LE MYSTÈRE HOUDINI

DIRECTION DE LA PUBLICATION : CARINE GIRAC-MARINER
DIRECTION ÉDITORIALE : STÉPHANIE JOUZIER
ÉDITION : ELÉNA CHRYSSOS
CONCEPTION GRAPHIQUE ET COUVERTURE : SOPHIE RIVOIRE, CLARA EVANNO
MISE EN PAGES : SKGD-CRÉATION
LECTURE-CORRECTION : SOPHIE PETITPRÊTRE
FABRICATION : AUDREY CHENU

ILLUSTRATIONS : © SHUTTERSTOCK.COM

21, RUE DU MONTPARNASSE,
75283 PARIS CEDEX 06

ISBN : 978-2-03-592209-0

ACHEVÉ D'IMPRIMER PAR GRÁPHICA ESTELLA EN ESPAGNE
DÉPÔT LÉGAL : OCTOBRE 2022. 331728/01
N° DE PROJET : 11050996 - SEPTEMBRE 2022

Le Mystère Houdini

Nicolas Trenti

LAROUSSE

SOMMAIRE

MODE D'EMPLOI

Cet Escape book retrace la vie du plus célèbre des magiciens, Harry Houdini, de son enfance dans le Wisconsin dans les années 1870 jusqu'à ses derniers tours, les jours précédant sa mort en 1926.

Et qui mieux que Houdini lui-même pourrait raconter son extraordinaire histoire ?

Ainsi, chaque chapitre de ce journal représente une date particulière dans la vie du magicien… Une vie jalonnée de défis, de secrets et de mystères, qu'il vous faudra affronter les uns après les autres. En effet, au fil de votre lecture, vous serez, au cours de chaque chapitre, confronté à une énigme qu'il vous faudra résoudre avant de pouvoir découvrir la suite de l'histoire.

Certaines de ces énigmes pourront être résolues de manière indépendante. D'autres, en revanche, nécessiteront de vous plonger dans les mémoires de Harry Houdini : vous serez alors invité à consulter d'autres chapitres de la vie de l'illusionniste, des flash-backs qui vous livreront les clés nécessaires pour avancer dans votre quête.

L'histoire de Harry Houdini est complexe, et c'est pour cette raison que ce journal ne se lit pas dans l'ordre. Pour comprendre sa vie et sa personnalité, il vous faudra voyager à travers ses souvenirs !

On raconte souvent que rien sur Terre ne pouvait retenir Harry Houdini prisonnier… Et vous, parviendrez-vous à relever autant de défis que le plus célèbre des magiciens et à vous échapper de ce livre ?

Si vous vous sentez prêt, munissez-vous de quelques feuilles de papier et d'un crayon pour prendre des notes au fil des pages, commencez par lire l'introduction du journal secret, page 14, et laissez-vous guider par le récit de Harry Houdini.

COMMENT VÉRIFIER VOS RÉPONSES À CHAQUE CHAPITRE ?

À la section **Validation des réponses** de ce livre (page 125), vous trouverez un tableau vous permettant de tester votre réponse pour chaque énigme.

Commencez par chercher votre réponse parmi les mots-codes présents dans la première colonne de ce tableau.

☞ Si le mot-code n'y figure pas, cette réponse est malheureusement incorrecte. Réessayez ou demandez un indice !

☞ S'il y figure, regardez le pictogramme situé à l'intersection de la ligne correspondant à votre réponse et de la colonne du chapitre en cours.

♠ **Bonne réponse** : vous pouvez découvrir la suite du chapitre.
♥ **Réponse incorrecte** : réessayez ou consultez les indices.

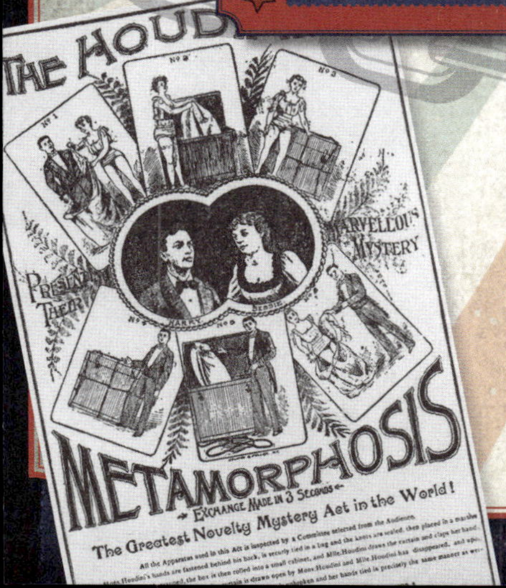

HARRY
HOUDINI
KING
OF CARDS
NATIONAL PR. & ENG. CO. CHICAGO

Journal de
Harry Houdini

Je m'appelle Harry Houdini.

Je suis né en 1874, dans la petite ville d'Appleton, dans l'État du Wisconsin aux États-Unis, de parents d'origine hongroise, et je suis tout simplement le plus grand magicien que l'Histoire ait connu. Personne ne pourra jamais prétendre le contraire, je peux vous l'assurer !

J'aime l'aventure, les sensations fortes et par-dessus tout... le succès ! Depuis mon enfance, je rêve de divertir les foules et de faire frissonner le public au rythme de mes tours de magie et de mes numéros d'escapologie.

Ma vie entière a été jalonnée de challenges. Aussi, pour me connaître parfaitement et comprendre qui je suis vraiment, je vous invite, chers lecteurs, à voyager à travers les grands défis qui ont marqué mon existence et les souvenirs qui ont conduit à mes plus grands succès.

Le premier grand défi qui a façonné ma destinée s'est déroulé le **13 juillet 1899**, au **poste de police de San Francisco**. Grâce à plusieurs rencontres marquantes, ma carrière de magicien commençait à décoller, après une dizaine d'années de tâtonnements et de doutes. Et cette journée bien précise allait enfin me révéler au grand public et me propulser définitivement sur les chemins de la gloire et de la réussite.

Chers lecteurs, soyez les bienvenus dans l'histoire du grand Houdini ! Installez-vous confortablement et laissez-moi vous raconter comment tout a commencé...

Harry Houdini

VOUS POUVEZ POURSUIVRE VOTRE LECTURE AU CHAPITRE SUIVANT :

☞ **13/07/1899** - PREMIER DÉFI : L'évasion du poste de police de San Francisco

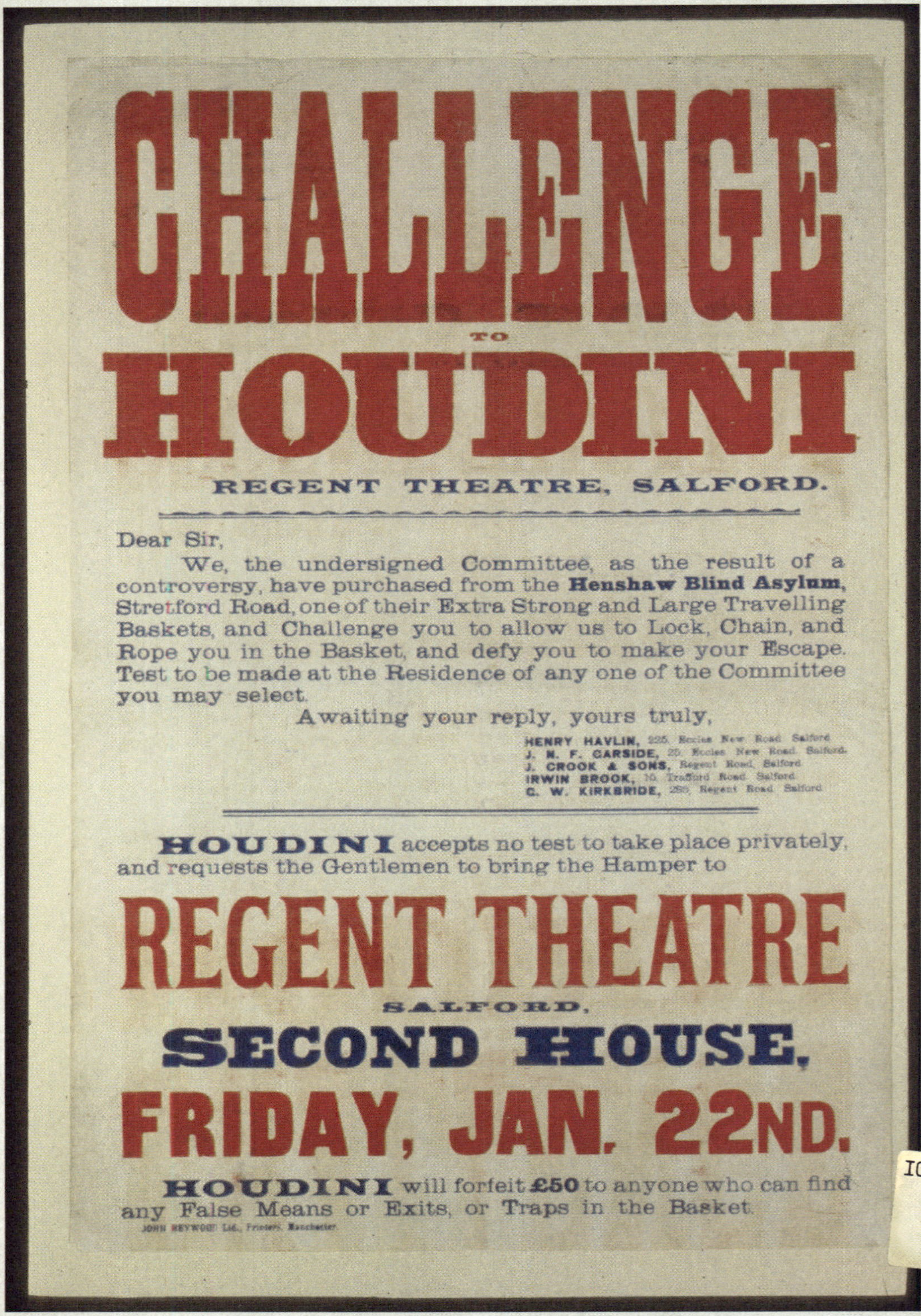

CHALLENGE

TO

HOUDINI

REGENT THEATRE, SALFORD.

Dear Sir,

We, the undersigned Committee, as the result of a controversy, have purchased from the **Henshaw Blind Asylum**, Stretford Road, one of their Extra Strong and Large Travelling Baskets, and Challenge you to allow us to Lock, Chain, and Rope you in the Basket, and defy you to make your Escape. Test to be made at the Residence of any one of the Committee you may select.

Awaiting your reply, yours truly,

HENRY HAVLIN, 225, Eccles New Road, Salford
J. N. F. GARSIDE, 25, Eccles New Road, Salford.
J. CROOK & SONS, Regent Road, Salford
IRWIN BROOK, 16, Trafford Road, Salford
C. W. KIRKBRIDE, 285, Regent Road, Salford

HOUDINI accepts no test to take place privately, and requests the Gentlemen to bring the Hamper to

REGENT THEATRE

SALFORD,

SECOND HOUSE,

FRIDAY, JAN. 22ND.

HOUDINI will forfeit **£50** to anyone who can find any False Means or Exits, or Traps in the Basket.

JOHN HEYWOOD Ltd., Printers, Manchester.

100

100

15/03/1885

L'APPRENTI DE MONSIEUR HANAUER

À l'âge de onze ans, je travaillais comme apprenti serrurier à Appleton, ma ville natale, dans le Wisconsin.

John Hanauer, serrurier de père en fils, tenait une petite boutique où il vendait à la fois verrous et armes à feu. Comme son magasin se trouvait à quelques encablures à peine de notre maison, j'y avais depuis tout petit mes habitudes. Ce n'étaient certainement pas les revolvers qui m'intéressaient (je n'ai jamais eu réellement d'attrait pour les armes), mais bel et bien les serrures, qui me fascinaient depuis ma plus tendre enfance et exerçaient sur moi et mon imaginaire une attirance presque magnétique.

J'éprouvais, depuis cette époque, ce besoin irrépressible et viscéral de tout connaître sur les serrures : leurs différents formats, leurs mécanismes, leur fabrication… Comment les clés fonctionnaient, s'imbriquaient, se combinaient pour ouvrir un verrou… En somme, tous leurs secrets.

À la maison déjà, je m'entraînais à déverrouiller placards et tiroirs à l'aide d'un petit crochet métallique et j'étais devenu célèbre dans toute la ville après avoir réussi, en l'espace d'une nuit, à ouvrir avec ce simple instrument toutes les portes des commerces de College Avenue.

Plutôt que de me punir, mes parents décidèrent alors de m'envoyer travailler chez monsieur Hanauer en tant qu'apprenti. Quel formidable moyen de parfaire ma connaissance des serrures et des clés !

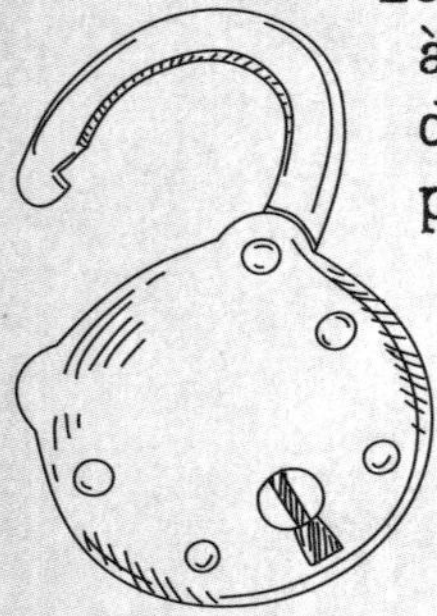

Le I5 mars I903, en fin de matinée, alors que je travaillais à la boutique depuis quelques jours à peine, le shérif du comté nous rendit visite à l'atelier, accompagné d'un prisonnier menotté. Ce détenu à la carrure de colosse était sans doute la personne la plus effrayante que j'avais pu rencontrer jusqu'alors. Son visage traversé d'une longue cicatrice, sa barbe hirsute et son regard sombre me faisaient frissonner.

Le shérif présenta la situation à monsieur Hanauer :

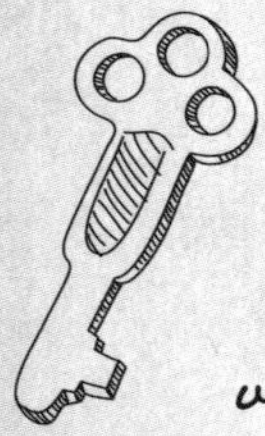

« Pour une raison qui me dépasse, ce lascar a finalement été reconnu innocent par le juge. Faute de preuves, semblerait-il... Nous devons donc le libérer, mais ma clé s'est bêtement cassée dans la serrure. Peut-être pourriez-vous scier ces menottes pour moi, monsieur Hanauer ?

— Voyons voir... Oh, mais il est pratiquement l'heure de déjeuner, shérif ! Laissons donc mon apprenti s'en occuper. Ehrie ! Va chercher une scie à métaux dans la remise et débarrasse-toi de ces menottes. Je sors boire un verre avec le shérif, pendant que tu libères ce vieux bougre... »

Ce fut en quelque sorte mon baptême du feu.

Je le reconnais : rester seul avec ce mastodonte, dans une boutique remplie d'armes à feu, n'était pas de nature à me rassurer, quand bien même était-il menotté... Mais, du haut de mes onze ans, je souhaitais prouver à monsieur Hanauer ma valeur et ma détermination. J'entrepris donc de scier les menottes, sous le regard suspicieux du colosse. Je n'avais pas le droit à l'erreur...

Au bout de trente minutes, la lame de la scie avait à peine éraflé le métal. Monsieur Hanauer et le shérif seraient bientôt de retour et je savais que je ne parviendrais pas à venir à bout des menottes de cette façon.

Alors, soudain, j'eus un éclair de génie, la révélation de toute ma future carrière !

J'attrapai un fil de fer, que je tordis jusqu'à obtenir la forme que je pensais la plus adaptée. Les mains tremblantes, j'insérai cet ustensile improvisé dans la serrure des menottes et je fis cheminer le câble jusqu'au cœur de ce labyrinthe de métal.

Quel est le mot-code symbolisant l'ouverture des menottes du shérif ?

NE TOURNEZ PAS LA PAGE !

Pour pouvoir lire la suite de ce chapitre, vous devez auparavant résoudre l'énigme ci-dessus.

Une minute plus tard, le prisonnier était libéré de ses menottes ! Sans prononcer le moindre mot, il me lança un regard impressionné et reconnaissant. Cet homme fut, je crois, la seule personne avec Bessie et Dash à connaître l'un de mes secrets !

Monsieur Hanauer et le shérif réapparurent quelques secondes plus tard. Immédiatement, mon maître d'apprentissage constata que les menottes étaient intactes et me félicita vivement.

J'avais crocheté cette serrure avec exactement la même technique que celle que j'utiliserais, des années plus tard, pour venir à bout de menottes au cours de la plupart de mes représentations. Sans avoir besoin d'un double de la clé (comme d'autres prétendus magiciens avaient coutume de procéder…), mais à force de précision et de dextérité.

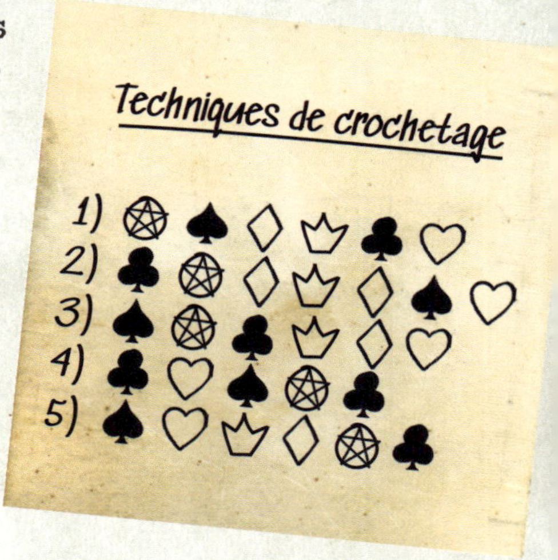

Pendant les mois qui suivirent, je poursuivis auprès de monsieur Hanauer mon apprentissage acharné, avant de réussir, enfin, à me sauver d'Appleton. Une « évasion » qui fut, sans doute, la plus importante de toute ma vie !

LES INFORMATIONS OBTENUES GRÂCE À CE SOUVENIR VOUS PERMETTRONT DE RÉSOUDRE L'ÉNIGME DU CHAPITRE SUIVANT :

☞ **17/03/1904** : DEUXIÈME DÉFI :

Les menottes du *Mirror*

21/06/1890

ESPRIT DE COMPÉTITION

Ce jour de juin 1890, dans un centre sportif sur la 67e rue de New York, se tenait le challenge multidisciplinaire qui marquait la fin d'une saison d'entraînement.

Depuis près de deux ans, je m'étais inscrit au *Pastime Athletic Club* et je me passionnais pour différents sports, parmi lesquels la boxe, la course à pied et la natation. Malgré ma petite taille (je mesurais un mètre soixante-cinq), je m'entraînais avec une fougue et une détermination qui me permettaient de rivaliser avec des gabarits bien plus lourds que le mien. Mon agilité et ma souplesse s'avéraient également de prodigieux atouts dans la compétition.

Car, déjà à l'époque, je voulais être le meilleur, dans toutes les disciplines : pas une médaille ne devait m'échapper !

Ces années passées au *Pastime Athletic Club* m'avaient aussi permis de faire une rencontre qui serait déterminante pour la suite de ma vie. Joseph Rinn, de six ans mon aîné, était le capitaine du club. Et, en plus d'être un sportif accompli, Joe venait de débuter une carrière de prestidigitateur professionnel…

C'est donc lui le premier qui m'initia à la magie, quelques mois avant que je ne me plonge dans les *Mémoires de Robert-Houdin*.

En tant que coach, il supervisa mes entraînements pendant deux saisons. Rapidement, nous tissâmes de solides liens d'amitié. Je travaillais dur pour gagner en force physique et en vitesse, et Joe était sensible à mes efforts et à ma détermination.

Après les entraînements, nous faisions souvent un bout de chemin ensemble, en rentrant du club, et il me racontait de truculentes anecdotes liées au monde de la magie, me révélait quelques trucs et me parlait de ses premières représentations. Avec lui, j'assistais à mes premières séances de spiritisme et nous nous amusions, déjà, à démystifier les numéros de ces charlatans de médiums…

Lors de ce défi sportif de juin 1890, où j'étais inscrit dans plusieurs disciplines, je fis pour la première fois part à Joe Rinn de mon envie de me lancer dans la magie :

« Avec mon frère Dash, nous aimerions monter un spectacle, mais il nous manque encore tout l'attirail nécessaire…

— Écoute, Weisz… Si tu remportes trois médailles aujourd'hui, tu peux compter sur moi pour t'offrir le matériel suffisant pour débuter. Ça sera ta récompense, après cette saison d'entraînement ! »

Touché par la gentillesse de Joe, je ne portais plus vraiment d'attention à l'arrivée du marathon, qui se courait au même instant et auquel des collègues du club d'athlétisme, CRAIG, HARDY, MARCK et WOODS, participaient.

Perdu dans mes pensées, je remarquai seulement que :

1. HARDY avait franchi la ligne d'arrivée avant CRAIG.
2. L'athlète qui était arrivé en quatrième et dernière position, l'athlète au maillot bleu et MARCK étaient trois sportifs bien distincts.
3. CRAIG était arrivé deux places devant l'athlète au maillot rouge.
4. L'athlète qui était arrivé en première position portait un maillot jaune.

Me rêvant déjà en magicien, j'étais également bien incapable de me souvenir qui portait un maillot jaune, bleu, vert ou rouge…

Quel athlète porte un maillot bleu au cours du marathon ?

NE TOURNEZ PAS LA PAGE !

Pour pouvoir lire la suite de ce chapitre, vous devez d'abord résoudre l'énigme ci-dessus.

Ce jour-là, je remportai trois médailles.

Et, comme promis, Joe Rinn m'offrit mes premiers accessoires de prestidigitateur, de quoi animer quelques représentations devant des amis. Je ne me rêvais pas encore en magicien professionnel, mais j'avais entrouvert la porte d'un nouvel univers, fascinant et mystérieux.

En plus de m'avoir permis de développer de manière considérable ma force physique et mon endurance, ces deux saisons passées au sein du club d'athlétisme forgèrent cet esprit de compétition féroce qui me suivrait tout au long de ma carrière. Une force redoutable, à l'origine de mes plus grands succès, mais aussi une faiblesse qui me serait un jour fatale…

Résultats sportifs

Ce samedi, par cette belle après-midi ensoleillé de juin, les athlètes du *Pastime Athletic Club* s'étaient réunis au centre d'entraînement de la 67e rue pour une intense journée de compétition.

Parmi ces sportifs émérites, le jeune Erich Weisz, seize ans, s'est tout particulièrement illustré en remportant des médailles dans trois disciplines: boxe, natation et course à pied.

MOTS-CROISÉS

	U			L	
	R		I		
E		A		D	
		G	O		E
N	P			L	
			F		I

LES INFORMATIONS OBTENUES GRÂCE À CE SOUVENIR VOUS PERMETTRONT DE RÉSOUDRE L'ÉNIGME DU CHAPITRE SUIVANT :

☞ **27/II/1906** : Les eaux glacées de la rivière Détroit

02/04/1891

« LE » NOM

Depuis mon Wisconsin natal, j'avais suivi mon père, Mayer Samuel Weisz, à New York. Après qu'il eut perdu sa charge de rabbin à Appleton, il espérait pouvoir trouver dans la grande ville de meilleures opportunités.

À l'époque, nous logions dans une pension de famille située sur East 79th Street et j'avais décroché un emploi chez *H. Richter's Sons Neckwear*, un magasin de vêtements sur Broadway, où je confectionnais et vendais des cravates.

Avec mon frère Dash, nous nous étions liés d'amitié avec un autre employé du magasin, Jacob Hyman. Tous les trois, nous étions passionnés par la magie, et nous passions notre temps libre à échanger des trucs et astuces et à répéter des tours.

Ce matin d'avril 1891, en me rendant au magasin, je m'étais arrêté chez un libraire de quartier et j'y avais dégoté un vieux livre d'occasion, écrit par un magicien français. Je ne le savais pas encore, mais cet ouvrage allait changer ma vie. Le soir, en rentrant du travail, je me plongeai dans ces incroyables *Mémoires de Robert-Houdin*.

Jean-Eugène Robert-Houdin fut, en plus d'un horloger de talent et d'un inventeur de génie, le père de la magie moderne. Dans ses mémoires, l'illusionniste racontait sa vie, ses aventures, ses succès et ses inventions. Le récit laissait transparaître l'excitation des soirs de représentation, l'émerveillement des spectateurs, la fascination engendrée auprès du public par un tour spectaculaire.

En quelques décennies, Robert-Houdin avait changé l'histoire de la magie à tout jamais. Il avait imaginé des astuces ingénieuses en utilisant des accessoires de sa propre invention et il avait révolutionné l'image même du magicien en assurant ses représentations vêtu d'un élégant costume d'apparat, alors que les illusionnistes de l'époque étaient encore déguisés comme de vulgaires sorciers.

Du haut de mes dix-sept ans, moi, Ehrich Weisz, j'étais fasciné par cette histoire hors du commun. Après tout, qui n'aurait pas voulu connaître la destinée de Robert-Houdin et s'imaginer vêtu d'un smoking impeccable, sur la scène d'un théâtre rempli à craquer, ovationné par un public émerveillé ?

Alors que je dépassais la moitié du livre, je m'aperçus que le précédent propriétaire de l'ouvrage avait laissé de curieuses notes au crayon, en bas de la page. Quel message avait-il bien voulu transmettre au travers de ces étranges circonvolutions ?

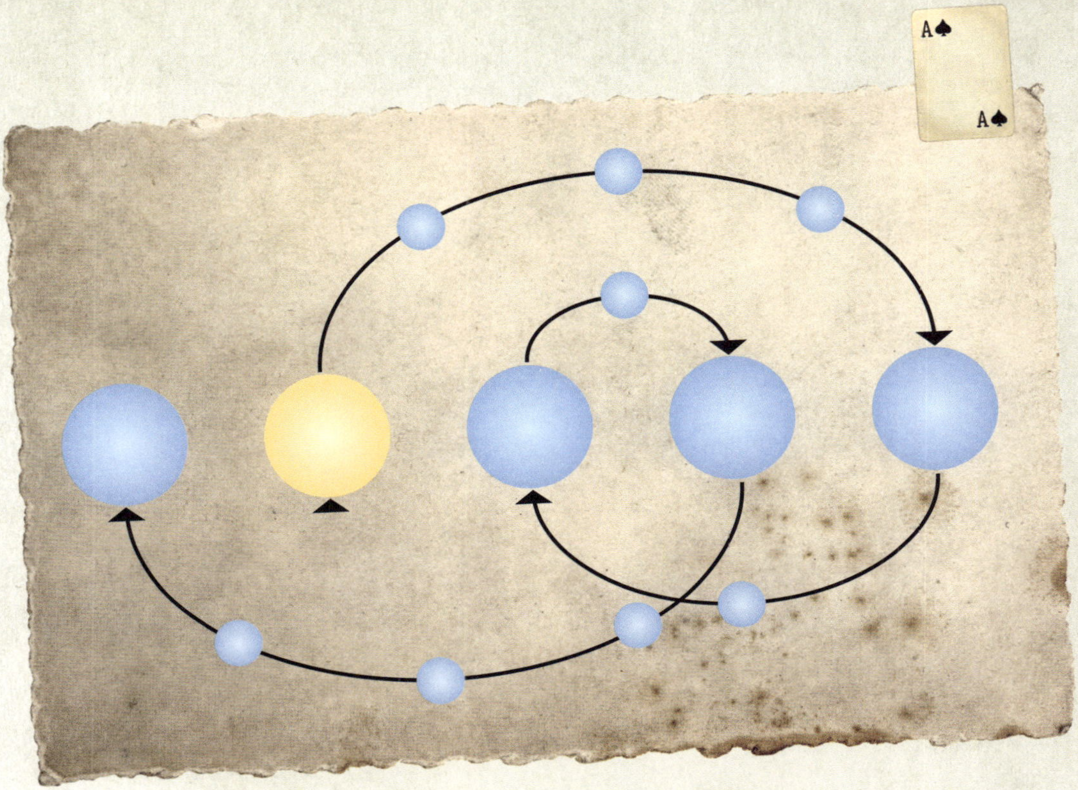

Quel est le mot-code correspondant
à ce mystérieux dessin ?

NE TOURNEZ PAS LA PAGE !

Pour pouvoir lire la suite
de ce chapitre, vous devez d'abord
résoudre l'énigme ci-dessus.

Je passai une partie de la nuit à finir de dévorer les mémoires de Robert-Houdin. Tombant de fatigue, je m'endormis vers cinq heures du matin, le livre toujours entre les mains, ouvert à la page mentionnant le nom des figures dans le jeu de cartes français.

Cette nuit-là, je me rêvai évidemment en illusionniste. Je m'imaginais en tenue de gala, costume et nœud papillon, devant une foule compacte venue m'applaudir, subjuguée par mes tours de magie. À l'extérieur du théâtre, un nom en lettres capitales barrait les grandes affiches qui annonçaient le spectacle. Un nom forcément inspiré de celui que je considérais désormais comme mon mentor, Robert-Houdin. À côté, mon surnom depuis l'enfance, « Ehrie », avait été américanisé tout en gardant la même consonance.

Au réveil, je pris la décision de quitter cet emploi alimentaire où je ne m'épanouissais guère pour devenir magicien professionnel. Quelques heures plus tard, je déposai ma lettre de démission.

Ehrich Weisz avait cessé d'exister à cet instant.

Je m'appelais désormais Harry Houdini !

LES INFORMATIONS OBTENUES GRÂCE À CE SOUVENIR VOUS PERMETTRONT DE RÉSOUDRE L'ÉNIGME DU CHAPITRE SUIVANT :

☞ **03/II/1891** : The King of Cards

03/11/1891

THE KING OF CARDS

Alors que je commençais ma jeune carrière d'illusionniste, je ne savais pas encore vers quelle discipline de la magie j'allais réellement me tourner. J'avais déjà englouti des dizaines de livres, écrits par des magiciens plus ou moins célèbres, et je m'étais rendu compte que les tours qui mettaient en jeu la dextérité du prestidigitateur faisaient partie de ceux qui m'intéressaient le plus.

À toute heure de la journée, j'entraînais mes doigts pour qu'ils deviennent les plus souples possibles et je m'exerçais pour que les mouvements de mes mains soient aussi précis et adroits que nécessaire. Au cours des repas, je ne mangeais que de la main gauche, alors que ma main droite restait cachée sous la table, faisant rouler entre les interstices de mes doigts des pièces de monnaie. Le soir, couché dans mon lit, je m'endormais avec un paquet de cartes à jouer, m'entraînant à soulever une carte avec seule la paume de ma main.

Ainsi, j'acquis au fil des mois une aisance toute particulière pour les exercices de manipulation, et les tours de cartes devinrent parmi mes préférés et les plus convaincants de mes spectacles. Grâce à mes doigts magiques, mélanges, empalmages, lancers et retournements cachés n'avaient plus le moindre secret pour moi, et déjà, je parvenais à séduire les badauds en pleine rue, installé derrière un comptoir de fortune fabriqué à l'aide d'un guéridon bancal et d'une nappe froissée.

Je n'étais officiellement magicien que depuis quelques mois (j'avais trouvé mon nom de scène et je m'étais lancé dans cette nouvelle carrière au début de l'année seulement), mais j'étais déjà certain que le grand Houdini, le «Roi des cartes», parviendrait à conquérir l'Amérique entière !

Mais… Je vous sens, amis lecteurs, quelque peu dubitatifs, ou pour le moins frustrés… J'évoque ici mes talents de magicien, à l'aube d'une carrière florissante, sans vous donner l'occasion d'en profiter réellement. Laissez-moi donc vous proposer un petit tour, qui me fut inspiré par une connaissance, professeur de mathématiques de son état.

Êtes-vous prêts ?

Dans ce cas, pour commencer, pensez à un nombre à deux chiffres, n'importe lequel, entre 10 et 99. Vous l'avez ? Alors, soustrayez désormais de ce nombre le chiffre des dizaines, puis le chiffre des unités. Vous devriez avoir obtenu à ce stade un nouveau nombre, à un ou deux chiffres. C'est bien le cas ? Parfait !

Maintenant, si vous feuilletez ce journal, vous devriez voir que sur chaque page est représentée, de manière aléatoire, la valeur d'une carte à jouer. Regardez par vous-mêmes : la carte figurant sur chaque page est différente. Arrêtez-vous à la page correspondant au nombre que vous venez de trouver et regardez la carte qui y figure.

Concentrez-vous autant que possible sur cette carte !

Vous y êtes ? Alors, refermez le livre un instant et jetez un œil à l'arrière de sa couverture… Aussi incroyable que cela puisse vous paraître, je parie que la carte à laquelle vous pensiez s'y trouve !

Ce petit numéro parvenait toujours à amuser la foule, à mes débuts ! À la fin de l'année 1891, j'avais d'ailleurs acquis une telle expérience dans les tours de cartes que je pouvais sans crainte défier mes confrères. Je m'amusais à les provoquer, en leur proposant cette règle très simple : «Montrez-moi un tour de cartes trois fois, et j'en percerai le secret !»

Au début du mois de novembre, un ami vint me trouver, persuadé que je ne parviendrai pas à venir à bout de son défi. Plus qu'un tour de magie, il s'agissait d'une énigme… Qu'importe ! Moi, le Roi des cartes, je relevai sans crainte le défi !

Il s'agissait de remplir chaque cellule de la grille de telle sorte que chaque couleur (♠♦♥♣) et chaque valeur (as, valet, dame, roi) apparaissent exactement une seule fois dans chaque ligne et chaque colonne de la grille, en faisant en sorte que chaque carte ne soit visible qu'une seule fois dans toute la grille.

1) 5e	3) 4e	A♥	2) 5e
V	♠		
		♣	D
5) 5e	R♦	4) 2e	

Une fois la grille remplie, quel est le mot-code inspiré par les cartes vertes ?

NE TOURNEZ PAS LA PAGE !

Pour pouvoir lire la suite de ce chapitre, vous devez d'abord résoudre l'énigme ci-dessus.

Pour cela, le souvenir suivant de Harry Houdini vous sera utile :

☞ **02/04/1891** : « Le » nom

Dans les semaines qui suivirent, j'améliorai encore ma dextérité et j'étendis de plus en plus mon répertoire de tours de cartes. Je dévorai des livres écrits par des magiciens émérites, je rachetai des numéros à des confrères dépités du métier, je perçai les secrets de concurrents et je transcendai leurs tours avec des idées de mon cru !

Mais, petit à petit, je compris que ces numéros avec des cartes, aussi bluffants soient-ils, ne parviendraient pas à occuper une représentation entière. Pour être un magicien complet et célèbre, je devais exceller dans d'autres disciplines !

Les mois suivants, j'enrichis donc mon expérience dans le monde du spectacle grâce à chacune de mes rencontres avec des artistes.

Un acrobate japonais spécialisé dans l'ingestion et la régurgitation de boules de billard en ivoire m'apprit par exemple à maîtriser parfaitement mon œsophage, technique ultime pour dissimuler un passe-partout. Au Huber's Museum, au début de l'année 1892, je fis la connaissance d'un magicien australien, George Dexter, qui m'enseigna pour sa part les rudiments de l'art des nœuds de corde.

Toutes ces astuces me seraient fort utiles, quelques années plus tard, pour mes plus grands numéros d'escapologie !

LES INFORMATIONS OBTENUES GRÂCE À CE SOUVENIR VOUS PERMETTRONT DE RÉSOUDRE L'ÉNIGME DU CHAPITRE SUIVANT :

☞ **13/07/1899** : PREMIER DÉFI : L'évasion du poste de police de San Francisco

05/10/1892

PROMESSE SUR UN LIT DE MORT

En octobre 1892, Dash et moi donnions nos premières représentations. J'avais quitté mon emploi à la boutique de vêtements depuis près d'un an et demi, et les Brothers Houdini n'avaient jusque-là que quelques dates de prévues. Alors que je faisais les derniers ajustements sur notre numéro *Metamorphosis* avant un spectacle à l'autre bout de New York, un jeune coursier vint me trouver :

« Hé, m'sieur le magicien ! Il faut que tu rentres chez toi. Ton père est en train de mourir... »

Je traversai la ville à toute vitesse, repensant à ces dernières années.

Depuis notre arrivée à New York, quatre ans plus tôt, la santé et le moral de mon père s'étaient constamment dégradés. Comme des millions d'autres Juifs d'Europe de l'Est, mon père avait fui la Hongrie pour échapper à l'antisémitisme latent et voyait dans l'Amérique un modèle de liberté et d'opportunités quasi illimitées. L'avenir fut loin de lui donner raison…

Après avoir perdu son emploi à Appleton, il pensait pouvoir trouver facilement à New York un poste de rabbin, mais il avait essuyé refus sur refus. Personne ici ne voulait d'un révérend qui ne parlait que l'allemand, et mon père n'avait jamais voulu faire le moindre effort pour apprendre l'anglais…

Au début de l'année, un cancer de la langue lui fut diagnostiqué. Dès lors, son état ne cessa d'empirer, malgré de multiples opérations et séjours à l'hôpital presbytérien.

Aussi, quand ce coursier vint me trouver, je ne fus finalement guère surpris…

Lorsque j'arrivais chez nous, toute la famille était déjà réunie autour mon père, allongé sur son lit. Il me demanda d'approcher, me prit la main et me regarda droit dans les yeux.

« Ehrich, promets-moi que tu veilleras sur ta mère. Promets-moi, mon enfant, qu'une fois que je serai parti, ta mère ne manquera jamais de rien… »

D'une voix sanglotante, j'acquiesçai :

« Je te le promets. »

Visiblement soulagé, il se tourna alors vers ma mère et, dans un dernier soupir, lui jura :

« Cecilia, un jour, Ehrich te couvrira d'or ! »

Ce furent là les derniers mots de mon père.

Il s'était éteint ce 5 octobre 1892, à l'âge de soixante-trois ans, laissant derrière lui une épouse en pleurs, six enfants… et une montagne de dettes.

Aussi je pris les dernières paroles de mon père à la lettre. J'avais dix-huit ans, j'étais un homme mature

et responsable, et c'était donc à moi désormais de subvenir aux besoins de ma famille. C'était mon devoir. Je n'avais pas le choix, il fallait que je trouve le moyen de gagner le plus d'argent possible pour mettre ma mère à l'abri de la précarité.

Et je savais que ma carrière en tant que magicien serait la meilleure manière d'y parvenir.

Quel est le mot-code caché sur la tombe du père de Houdini ?

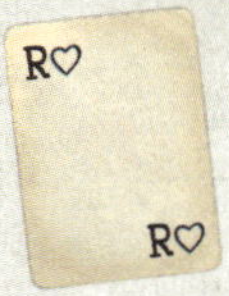

NE TOURNEZ PAS LA PAGE !

Pour pouvoir lire la suite de ce chapitre, vous devez d'abord résoudre l'énigme ci-dessus.

Toute ma vie, je pris soin de ma mère aussi bien que je le pouvais. Lorsque je gagnai mes premières pièces, je lui offris directement toute la somme pour qu'elle puisse payer le loyer. Je faisais tout mon possible pour subvenir à ses besoins.

Après mes premiers succès sur le vieux continent, je remarquai dans la vitrine d'une boutique de Londres une robe taillée sur mesure pour la reine Victoria, décédée quelques mois plus tôt. J'entrai aussitôt dans l'échoppe, d'un pas décidé :

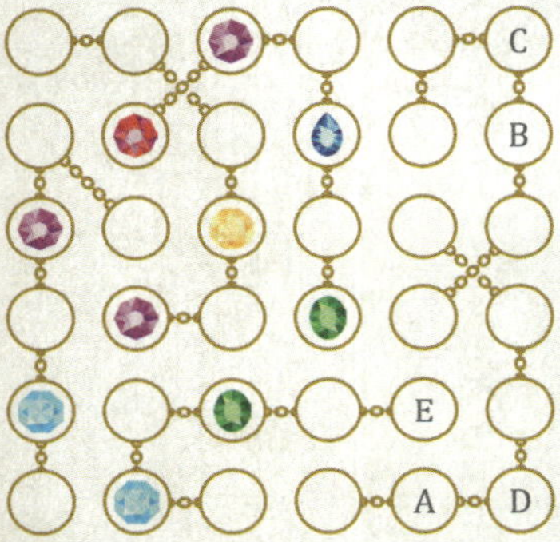

« Je suis le grand Houdini, et je veux acheter la robe de la reine pour ma mère ! »

Quelques mois plus tard, j'organisai à son attention une réception dans son pays natal, à Budapest, devant tous les amis d'enfance de mes parents. Vêtue de la robe de la reine Victoria, Cecilia resplendissait.

J'avais promis à mon père sur son lit de mort que ma mère ne manquerait jamais de rien et, toute ma vie, j'ai tenu parole.

Chaque ligne, chaque colonne et chaque collier de Cecilia contient une, et une seule, pierre du même type...

LES INFORMATIONS OBTENUES GRÂCE À CE SOUVENIR VOUS PERMETTRONT DE RÉSOUDRE L'ÉNIGME DU CHAPITRE SUIVANT :

☞ 19/07/1913 : Un télégramme bouleversant

10/09/1893

THE BROTHERS HOUDINI

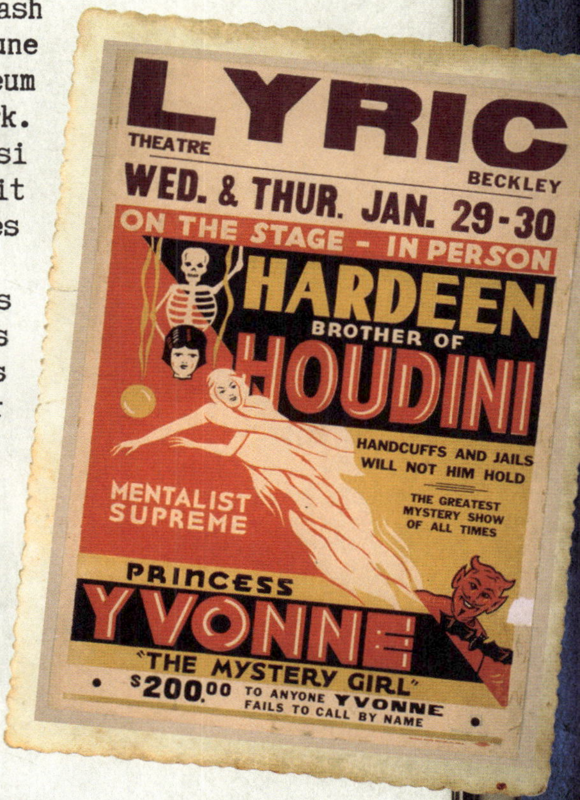

En cette soirée du 10 septembre 1893, Dash et moi, *the Brothers Houdini*, donnions une représentation au Robinson's Dime Museum Theater de Buffalo, dans l'État de New York. Depuis plusieurs mois, mon petit frère, aussi passionné par la magie que moi, me servait de complice et d'assistant lors de mes spectacles.

Même si je rêvais évidemment de plus prestigieuses institutions, j'appréciais l'ambiance des *dime theaters*, ces théâtres à dix sous où les artistes (issus de *freak shows*, le plus souvent) se produisaient en l'échange d'un maigre cachet et où le public, des immigrants et des ouvriers issus de la classe populaire pour la plupart, pouvait assister à des divertissements peu onéreux mais de qualité.

Depuis nos toutes premières représentations , nous disposions de plusieurs tours dignes d'intérêt à base de cartes, de pièces de monnaie, de colombes ou de mouchoirs de soie, mais j'avais depuis longtemps compris qu'il nous manquait un numéro emblématique.

Et ce tour, j'avais pu l'acquérir (pour une somme conséquente que je ne souhaite pas vous révéler ici) auprès d'un magicien retraité quelques mois plus tôt. Un tour qui pourrait paraître presque dépassé - quel magicien digne de ce nom n'a jamais entendu parler du numéro de la «malle des Indes»? -, mais que j'étais parvenu à transcender grâce à quelques astuces. Je lui avais notamment trouvé le nom parfait, *Metamorphosis*, et je lui avais donné l'amélioration ultime : la célérité.

Mais laissez-moi, chers lecteurs, vous présenter ce tour, qui a contribué à la renommée des *Brothers Houdini*.

Sur la scène est disposée une malle en cuir, grande ouverte. Sous le regard curieux du public, mon frère Dash attache mes poignets au moyen d'une corde ou d'une paire de menottes. J'enjambe ensuite la malle et je prends place au fond d'un grand sac de jute, que Dash noue au-dessus de ma tête. Je m'installe à l'intérieur du coffre, le couvercle se referme sur moi et la malle est cadenassée. Dash monte alors sur le coffre, et démarre le compte à rebours, aussitôt rejoint par le public :

«3… 2…»

Le rideau de la scène se referme.

«1… 0!»

Le rideau s'ouvre à nouveau.

Mais à cet instant, ce n'est plus Dash qui trône sur le coffre toujours cadenassé… C'est moi !

Le public est d'ores et déjà conquis. Des grommellements impressionnés et incrédules se font entendre dans l'auditoire.

J'enlève les cadenas de la malle, j'ouvre le sac de jute et le public découvre l'inconcevable : en l'espace de trois secondes, Dash a pris ma place dans le sac, à l'intérieur du coffre fermé, les poignets liés par la même corde que moi, au début de la performance.

Fin de la métamorphose. Acclamations du public. Rideau de fin.

Vous savez maintenant en quoi consistait *Metamorphosis*. Et comme pour chaque représentation, en cette soirée du 10 septembre 1893, j'haranguai les curieux venus nous applaudir au Robinson's Theater :

«Trois secondes, c'est tout ce dont les Brothers Houdini auront besoin ! Et vous, public, en l'espace de trois secondes, vous allez assister à un pur miracle !»

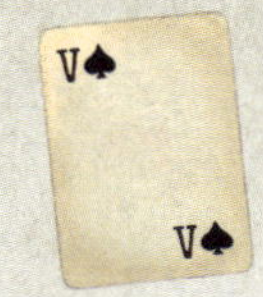

Le début du numéro se passa sans imprévus, mais un problème survint rapidement… Contrairement à d'habitude, je ne parvenais pas à me détacher de mes liens. Sans doute Dash avait-il fait du zèle en attachant mes poignets, ou avait-il davantage prêté attention à cette ravissante jeune demoiselle du premier rang qu'aux entrelacements de la corde !

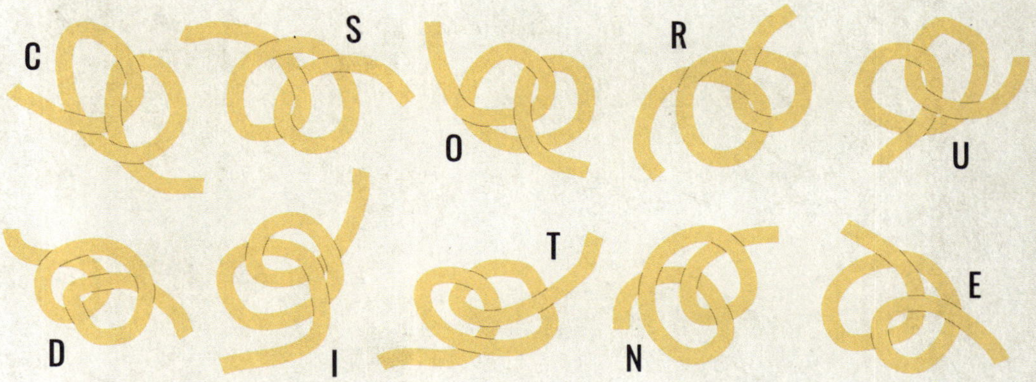

Quel est le mot-code formé grâce aux portions de corde qui ne s'emmêleront pas si on les tire par les deux bouts ?

NE TOURNEZ PAS LA PAGE !

Pour pouvoir lire la suite
de ce chapitre, vous devez d'abord
résoudre l'énigme ci-dessus.

Il y avait des performances d'une habileté impressionnante hier soir au Robinson's Dime Museum Theater.
Un duo de magiciens, surnommés les *Brothers Houdini*, a tout particulièrement fait sensation. Leur illusion, intitulée *"Metamorphosis"*, est l'une des plus incroyables qu'il nous ait été donné de voir. Sous les yeux du public, un homme est attaché avec des cordes et enfermé dans une malle. Moins d'une minute plus tard, une personne différente est retrouvée dans la malle, les mains liées par les mêmes cordes.
Ce numéro, des plus bluffants, est à découvrir impérativement !

Nous parvînmes à boucler le numéro sans que le public ne se rende compte de quoi que ce soit et la représentation fut un succès, comme d'habitude.

Le surlendemain, le I2 septembre, je découvris avec excitation le tout premier article de presse qui m'était consacré. Ces quelques lignes dans le journal *The Buffalo Commercial* allaient forcément avoir un impact positif sur la carrière des *Brothers Houdini*.

Mon frère Dash, lui, ne prit même pas la peine de lire l'article : il était plongé dans le travail, occupé à mettre au point un nouveau numéro de divination (pour me transmettre un message, il envisageait de prononcer une incantation occulte, basée sur le code Morse et sur une distinction entre consonnes et voyelles au sein de chaque mot…).

Quoiqu'il en soit, cet article le confirmait : *Metamorphosis*, tel que nous l'exécutions, était un tour magistral. Presque parfait.

Avec le recul, il ne lui manquait qu'une seule chose pour fonctionner totalement. Un petit détail pour que le tour devienne un succès complet.

Je ne le savais pas encore, mais ce qui manquait, c'était Bessie.

a	. —	k	— . —	u	. . —
b	— . . .	l	. — . .	v	. . . —
c	— . — .	m	— —	w	. — —
d	— . .	n	— .	x	— . . —
e	.	o	— — —	y	— . — —
f	. . — .	p	. — — .	z	— — . .
g	— — .	q	— — . —	ch	— — — —
h	. . . .	r	. — .	â æ	. — . —
i	. .	s	. . .	ö œ	— — — .
j	. — — —	t	—	ü	. . — —

LES INFORMATIONS OBTENUES GRÂCE À CE SOUVENIR VOUS PERMETTRONT DE RÉSOUDRE L'ÉNIGME DU CHAPITRE SUIVANT :

☞ **22/06/I894** : Ma rencontre avec Bessie

22/06/1894

MA RENCONTRE AVEC BESSIE

Au début de l'été I894, nous nous produisions, mon petit frère Dash et moi, à Coney Island, au sud de New York. Le spectacle des *Brothers Houdini*, comme nous nous surnommions à l'époque, commençait à connaître un succès, certes encore modeste, mais toutefois encourageant, en grande partie dû à notre formidable numéro, *Metamorphosis*.

Coney Island était, en cette fin de XIXe siècle, un lieu de promenade et de villégiature hors du temps, féerique et enchanté, et beaucoup le considéraient déjà comme le plus grand parc d'attractions au monde. D'imposants hôtels avaient été érigés en bordure des plages de sable et de nombreux manèges avaient été installés pour divertir les vacanciers désireux d'échapper, le temps de quelques jours ou de quelques heures, à la grisaille et à la morosité de New York. En plus des carrousels et des hippodromes, des salles de spectacles programmaient des artistes de tout horizon : chanteurs, danseuses, musiciens… et magiciens !

Ce soir de juin, après l'une de nos représentations, alors que Dash et moi nous promenions sur la jetée, nous aperçûmes deux jeunes filles, accoudées à la balustrade, admirant le soleil couchant.

La fougue de la jeunesse aidant, Dash entreprit aussitôt de les accoster. Plus timide, je restais en retrait, admirant mon petit frère à la manœuvre.

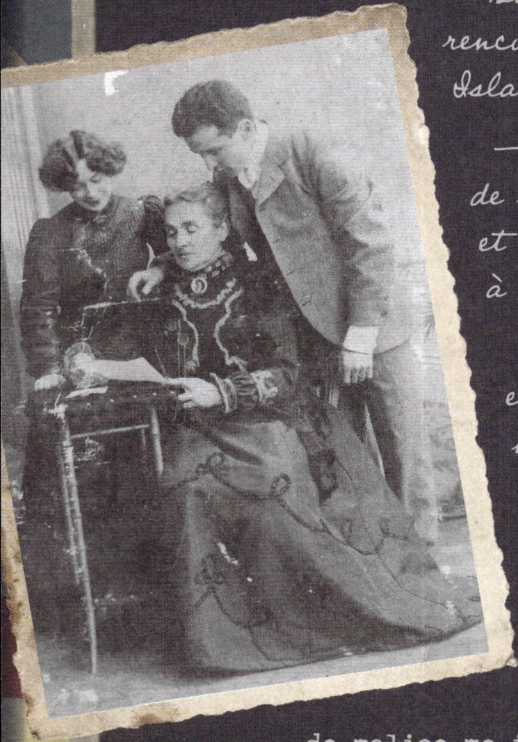

« Bonsoir, mesdemoiselles ! Ravi de faire votre rencontre ! Quel bon vent vous amène à Coney Island ?

— Nous faisons partie des danseuses et chanteuses de la troupe des Floral Sisters. Je m'appelle Ola, et voici mon amie Bess. Et pouvons-nous savoir à qui nous avons l'honneur ?

— Ne me dites pas que vous n'avez pas encore entendu parler des Brothers Houdini, les célèbres magiciens ? Je vous présente Harry. Et je suis Theodore, ou Dash pour les intimes... Pour vous servir ! »

Alors qu'Ola faisait déjà les yeux doux à mon frère, de mon côté, je ne parvenais pas à me détacher du regard de Bess. Dans la lueur des derniers rayons de soleil, son visage empreint de malice me faisait déjà chavirer.

Me devinant troublé par sa beauté, Bess me demanda, droit dans les yeux, comme pour me lancer un défi :

« Alors comme ça, vous êtes magicien... Pouvez-vous nous divertir d'un de vos tours ? Faire apparaître une colombe, ou je ne sais quoi ?

— Mieux que ça, Bess : je vais lire dans vos pensées ! Tenez, prenez ce calepin et écrivez-y un mot, celui de votre choix ! Et si vous le permettez, je vais même vous tourner le dos, afin de vous prouver qu'il n'y a aucune tricherie de ma part. »

Avant de me retourner, je lançai un clin d'œil à Dash, bien placé pour apercevoir le mot noté par la jeune fille.

« Vous êtes prête, Bess ? Parfait ! Dash, je te laisse prononcer l'incantation magique, avant que je ne vous révèle le mot que vous avez choisi ! »

Et d'une voix d'outre-tombe, Dash scanda ces paroles mystiques :

« ELIA EX AMPO EA TO ! »

Quel est le mot choisi par Bess ?

NE TOURNEZ PAS LA PAGE !

Pour pouvoir lire la suite de ce chapitre, vous devez d'abord résoudre l'énigme ci-dessus.

Pour cela, le souvenir suivant de Harry Houdini vous sera utile :

☞ **10/09/1893** : *The Brothers Houdini*

Moins d'un mois plus tard, Bessie et moi étions mariés… Élevée par une mère allemande dans la plus stricte tradition catholique, Bessie avait quitté la maison deux ans plus tôt, en quête d'aventures et de nouvelles expériences.

En guise de cadeau de mariage, Bessie m'offrit cet ensemble de passe-partout colorés ayant appartenu au magicien Robert-Houdin :

Le plus naturellement du monde, Bessie devint mon assistante. Son agilité et sa petite taille étaient des atouts précieux pour le numéro *Metamorphosis*, aussi elle succéda rapidement à Dash et le remplaça finalement au sein du duo.

Nous devenions les Houdini, mari et femme !

Avec le recul, je suis certain que Dash ne m'en a jamais voulu. Au contraire, cela renforça même encore un peu plus nos liens. Bessie et Dash étaient désormais les deux seules personnes de mon entourage à partager tous mes secrets et je savais qu'aucun des deux ne me trahirait jamais.

Nous étions en 1894. J'avais 20 ans, une épouse merveilleuse et une confiance absolue en l'avenir : j'étais certain qu'une carrière remarquable attendait les Houdini !

LES INFORMATIONS OBTENUES GRÂCE À CE SOUVENIR VOUS PERMETTRONT DE RÉSOUDRE L'ÉNIGME DU CHAPITRE SUIVANT :

☞ **13/07/1899** : PREMIER DÉFI : L'évasion du poste de police de San Francisco

31/01/1899

MA RENCONTRE AVEC MARTIN BECK

En cette fin du mois de janvier, je me produisais, seul, au Palm Garden Beer Hall, à Saint Paul, dans le Minnesota. Bessie en avait assez de jouer les assistantes dans des salles misérables et nous n'avions, dans tous les cas, plus beaucoup de représentations prévues dans notre agenda. Notre carrière peinait à décoller et j'avais promis à Bessie que, si je ne parvenais pas à percer dans les prochains mois, je ferais en sorte de mettre un terme à ma carrière de magicien et de trouver un autre emploi.

Ce soir-là, l'atmosphère enfumée et chaleureuse de la taverne contrastait avec les températures négatives extérieures. Sur scène, j'enchaînais les numéros sans parvenir à capter réellement l'attention de mon public, trop occupé à trinquer et chahuter.

Les numéros avec des mouchoirs de couleur, les apparitions de colombes, les lancers de cartes ou les tentatives de mentalisme n'impressionnaient guère les quelques dizaines de spectateurs, accoudés au comptoir ou réunis par petits groupes autour de tables déjà couvertes de pichets de bières vides.

Parmi cette assemblée peu réceptive, j'avais pourtant repéré trois hommes réunis autour d'une table, sur le côté de la salle, dont l'allure tranchait nettement avec le reste du public. Vêtus de ces costumes parfaitement taillés comme on en voit à Chicago, ils observaient pour leur part mes tours avec une attention soutenue, montrant parfois du doigt un de mes accessoires et se chuchotant discrètement quelques mots à l'oreille. J'aurais donné cher pour savoir de qui il s'agissait et ce qu'ils pouvaient bien se dire…

Flairant une opportunité, je décidai de leur faire profiter en avant-première de mon nouveau tour, « Les aiguilles des Indes orientales », que m'avait transmis quelques années plus tôt un vieil Indien alors que je travaillais dans un cirque. Un tour dangereux et insolite, capable de faire frémir le plus difficile des publics !

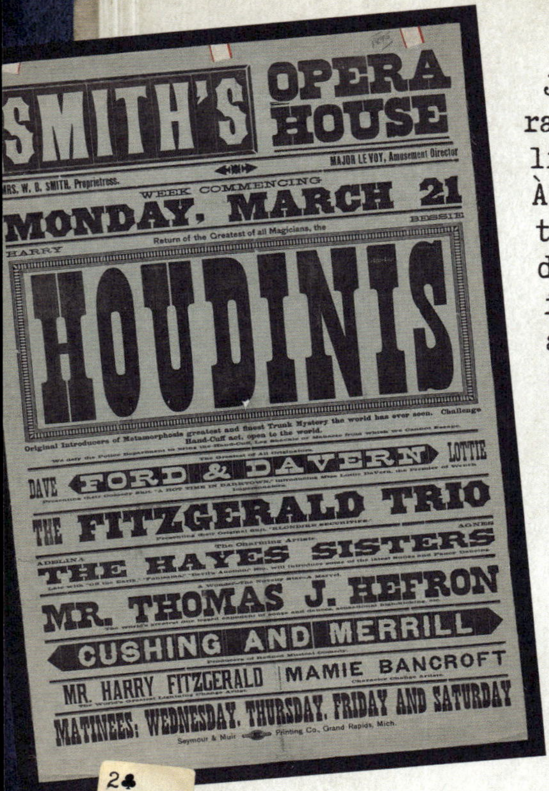

Je fis monter sur scène un spectateur du premier rang, sortis de ma poche une petite boîte métallique et lui demandai d'en examiner le contenu. À l'intérieur, il découvrit, intrigué, une centaine d'aiguilles à coudre et une petite pelote de fil de coton. Après que le spectateur eut inspecté l'intérieur de ma bouche, j'avalai, avec un grand verre d'eau, l'intégralité des aiguilles et les quelques mètres de fil. Déjà, un murmure teinté d'effroi et de stupéfaction s'éleva de la salle. J'avais réussi, enfin, à capturer l'attention du public, pourtant encore loin de deviner ce qui allait se passer ensuite.

J'invitai le spectateur à mes côtés à observer à nouveau l'intérieur de ma bouche, parfaitement vide. Pourtant, quelques secondes plus tard, portant ma main à mes lèvres, je fis sortir de ma bouche l'une des extrémités du fil. Centimètre après centimètre, je finis par faire ressortir l'intégralité de la ficelle, les cent aiguilles disposées à intervalles réguliers le long de la pelote, sous les ovations de la salle.

Alors que je m'apprêtais à descendre de scène, satisfait de mon effet et soucieux de terminer sur un succès, l'un des trois hommes élégants que j'avais repérés plus tôt dans la soirée vint à ma rencontre :

« Monsieur Houdini ! Si vous permettez… J'ai entendu parler de vos talents. Pensez-vous pouvoir vous échapper de ces menottes ? J'ai ramené trois paires avec moi, des modèles parmi les plus récents et les plus sûrs au monde. Accepteriez-vous de relever ce défi ? Laquelle de ces paires de menottes voudriez-vous essayer ?

— Et pourquoi pas les trois ? »

Les mains menottées et cachées sous un foulard, j'entrepris d'ouvrir une à une les serrures grâce à mes précieux passe-partout dissimulés dans la doublure du tissu. Je réussis à ouvrir les deux premières paires de menottes en moins d'une demi-minute, mais la troisième me posa plus de difficultés. Je ne parvenais pas à trouver les deux passe-partout à superposer pour venir à bout de la serrure…

Quel mot-code peut-on déduire du nom des deux passe-partout à utiliser ?

NE TOURNEZ PAS LA PAGE !

Pour pouvoir lire la suite de ce chapitre, vous devez d'abord résoudre l'énigme ci-dessus.

Le spectateur qui m'avait lancé ce défi, un homme au visage joufflu chaussé de petites lunettes rondes, vint se présenter aussitôt le spectacle terminé :

« Martin Beck, enchanté. Je suis le manager des théâtres Orpheum, les plus grands et plus prestigieux théâtres du pays, et je suis venu ici dénicher de nouveaux talents. Vous voulez un conseil, Houdini ? Arrêtez ces petits tours sans saveur, qui ne font que distraire le public de votre réel potentiel. Concentrez-vous sur ce qui vous rend exceptionnel : ces numéros où vous vous échappez d'une malle ou d'une paire de menottes. Pour percer dans le monde du spectacle, l'escapologie est votre seule issue ! »

J'étais sceptique. Mais Beck n'avait peut-être pas tort. À force de courir après le succès, au cours de ces huit dernières années, je m'étais dispersé. Qui était vraiment Houdini, à présent ? Je promis à Beck que j'allais réfléchir à ses conseils.

Quelques semaines plus tard, je reçus finalement ce télégramme :

POSTAL TELEGRAPH-CABLE COMPANY — IN CONNECTION WITH — THE COMMERCIAL CABLE COMP

TELEGRAM — 14 Mar. 99

The Postal Telegraph-Cable Company transmits and delivers this message subject to the terms and conditions printed on the back of this bla

Houdini, Palm Garden Beer Hall, Saint Paul, Mi

Vous pouvez vous produire à Omaha,
le 26 mars. Cachet de 60 $.
Si tout se passe bien, vous signerez
pour une saison entière.

M. Beck

Numéro à composer en cas d'urgence :
511-545-535-533-522

Grâce à ce petit morceau de papier, ma carrière était lancée. Et grâce à Martin Beck, j'avais aussi trouvé ma voie : Harry Houdini allait devenir le seul et véritable roi de l'évasion !

LES INFORMATIONS OBTENUES GRÂCE À CE SOUVENIR VOUS PERMETTRONT DE RÉSOUDRE L'ÉNIGME DU CHAPITRE SUIVANT :

☞ **13/07/1899** : PREMIER DÉFI : L'évasion du poste de police de San Francisco

13/07/1899

PREMIER DÉFI : L'ÉVASION DU POSTE DE POLICE DE SAN FRANCISCO

Ce défi de 1899 marqua, à coup sûr, un prodigieux tournant dans ma carrière !

En ce matin de juillet, mon épouse et assistante Bessie m'accompagnait dans les locaux de la police de San Francisco, ville où nous séjournions depuis le mois de juin pour une série de représentations à l'Orpheum Theatre.

Quelques mois plus tôt, mon agent et désormais ami Martin Beck m'avait conseillé de me consacrer exclusivement à l'escapologie, parmi toutes les autres disciplines de la magie. J'étais pour le moins dubitatif au départ, mais force était de constater que Beck avait raison : je n'aurais jamais cru que ces exercices d'évasion sur scène divertiraient autant le public !

Cependant, depuis que nous nous représentions à San Francisco, un énergumène barbu répondant au surnom grotesque de professeur Benzon avait osé s'en prendre à mon image : ce charlatan se faisait appeler *the King of Cards*, titre sous lequel j'avais commencé ma carrière, et tentait de livrer les secrets de mes tours dans des articles publiés dans le *San Francisco Examiner*. Je me devais de lui prouver que j'étais le seul maître de l'évasion !

C'était de ce différend que m'était venue l'idée du défi de ce jour de juillet : nu comme un ver, je me présenterais aux officiers en faction, qui me menotteraient et m'enfermeraient en cellule. Si je parvenais à m'échapper, je mettrais alors ce Benzon au défi d'en faire autant !

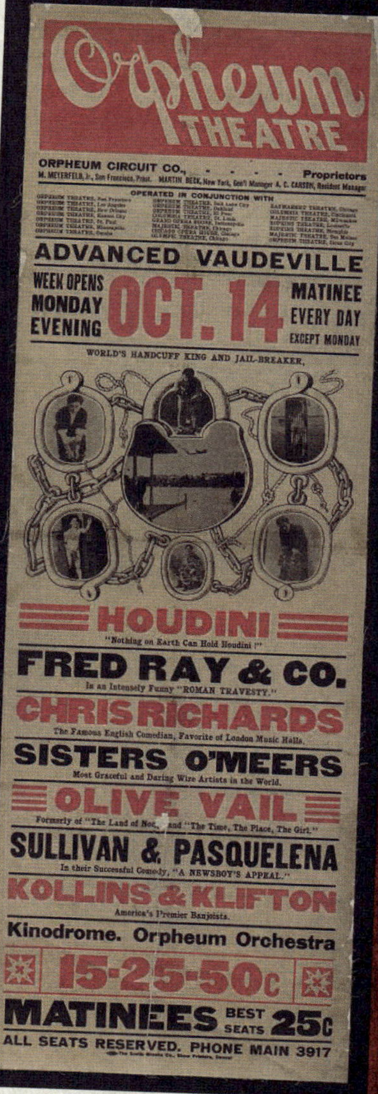

Dans les locaux de la police, je mis toute ma pudeur de côté lorsqu'un médecin m'examina sous toutes les coutures, pour s'assurer que je ne cachais sur moi ni clé ni passe-partout. Les inspecteurs me passèrent cinq paires de menottes aux poignets et autant aux chevilles, avant de me conduire dans une cellule.

Malgré ma carrure athlétique, je peinais à avancer dans les couloirs du poste de police, freiné par le poids de tout cet attirail métallique. Avant que la porte de la cellule ne se referme, Bess demanda aux policiers la permission de me saluer une dernière fois. J'échangeai avec mon épouse un langoureux baiser, avant qu'un inspecteur ne m'enferme dans la cellule.

Dès que la porte fut verrouillée, j'entrepris d'ouvrir une par une les menottes qui m'entravaient les poignets. Une fois mes mains libérées, me défaire du reste des liens serait un jeu d'enfant.

Dans le noir le plus complet de cette cellule, alors que mes doigts magiques se contorsionnaient pour déverrouiller les serrures des menottes au moyen du passe-partout que j'avais au préalable ingurgité et caché dans mon œsophage, je repensaisà toutes ces rencontres décisives qui m'avaient permis d'être là aujourd'hui, aux portes du succès.

Ce cher Martin Beck, qui m'avait ouvert les portes des salles les plus prestigieuses du pays…

Ma tendre épouse Bessie, avec qui ma carrière avait réellement débuté cinq ans plus tôt et qui était toujours à mes côtés…

Les artistes rencontrés lors de mes premières années dans la profession, alors que j'étais encore connu sous le surnom de « Roi des cartes », et qui avaient partagé avec moi leurs meilleures techniques…

En mettant bout à bout ces souvenirs, un mot frappa mon esprit et me motiva encore un peu plus pour m'échapper de ma cellule…

Quel est le mot-code auquel pense Houdini ?

NE TOURNEZ PAS LA PAGE !

Pour pouvoir lire la suite de ce chapitre, vous devez d'abord résoudre l'énigme ci-dessus.

Pour cela, les souvenirs suivants de Harry Houdini vous seront utiles :

☞ 03/11/1891 : *The King of Cards*

☞ 22/06/1894 : Ma rencontre avec Bessie

☞ 31/01/1899 : Ma rencontre avec Martin Beck

Deux minutes, et pas une seconde de plus. C'est le temps qu'il me fallut pour me défaire de cette dizaine de menottes et m'échapper de la cellule, sous le regard médusé des inspecteurs de la police de San Francisco.

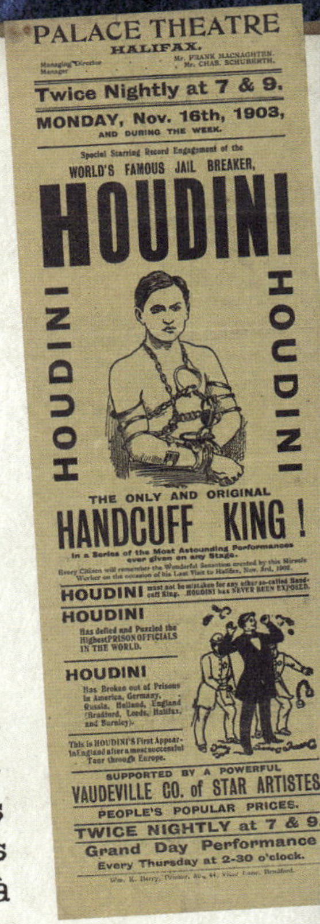

Le lendemain, toute la presse vantait les mérites du plus grand magicien de l'Histoire… et nous n'entendîmes plus jamais parler du professeur Benzon ! Devinant le potentiel publicitaire extraordinaire de ces évasions dans le plus simple appareil, je réitérai à plusieurs reprises l'exploit devant des journalistes toujours plus nombreux et des policiers toujours plus circonspects.

Dès la fin de l'année 1899, tout le monde en Amérique avait entendu parler du grand Houdini. Les foules se massaient dans les théâtres pour m'acclamer. J'enchaînais les représentations devant un public conquis. Je gagnais près de 500 $ par semaine : de quoi nous assurer, à Bessie et à moi, un train de vie des plus confortables.

J'étais, en l'espace de quelques mois, devenu une célébrité aux États-Unis. Ma soif de succès était-elle pour autant rassasiée ? Loin de là… J'avais déjà besoin d'un nouveau défi. Les États-Unis ne me suffisaient plus : il fallait désormais que l'Europe découvre et célèbre le grand Harry Houdini !

Quelques années plus tard, en Angleterre cette fois, un nouveau défi d'envergure manqua de mettre définitivement un terme à ma carrière…

VOUS POUVEZ POURSUIVRE VOTRE LECTURE AU CHAPITRE SUIVANT :

☞ **17/03/1904** : DEUXIÈME DÉFI :

Les menottes du *Mirror*

30/05/1900

DÉPART POUR L'EUROPE

Bessie à mes côtés, tous deux accoudés à la balustrade du pont supérieur du *SS Kensington*, nous regardions le port de New York s'éloigner puis disparaître à horizon.

Je quittais mon pays natal sans le moindre regret. En moins d'un an, Harry Houdini était devenu le magicien le plus connu des États-Unis. Mais je ne pouvais plus me contenter de l'Amérique, et grâce au réseau de Martin Beck, l'Europe nous tendait déjà les bras !

Pensif, je remontai le quai du navire jusqu'à la proue. Face à moi se dressait, à perte de vue, l'immensité de l'océan Atlantique. Dans quelques jours, nous atteindrions le port d'Anvers, première étape avant de rejoindre Londres pour conquérir le vieux continent !

Mais cette traversée ne s'avéra cependant pas de tout repos… Dès l'embarquement, à New York, j'aurais dû me douter que ce périple en Europe nous réserverait bien des surprises. Sur le quai, prêts à monter à bord du navire, nous attendions un certain Richard Pitrot, qui avait organisé à notre attention et pour le compte de Martin Beck une tournée magistrale dans les plus prestigieux théâtres du Royaume-Uni, et qui devait nous accompagner ensuite à travers l'Europe.

Cinq minutes avant le départ, un télégramme nous parvint : Pitrot ne serait finalement pas du voyage, mais il nous certifia que tout était parfaitement organisé sur place. Je ne pouvais que lui faire confiance et je rassurai donc Bessie de mon mieux. Après tout, ce genre de déconvenues faisait partie intégrante de l'aventure !

La suite de la traversée fut pour moi des plus douloureuses : pendant tout le voyage, je fus victime d'un mal de mer épouvantable.

Un véritable cauchemar… Je me sentais si malade que plusieurs fois, je jurai à Bessie que j'allais me jeter par-dessus bord.

La tentation du suicide fut telle que mon épouse n'eut pas d'autre choix que de m'attacher au lit de notre cabine, avec les moyens du bord : elle noua fermement mes poignets et mes chevilles aux montants du couchage à l'aide des draps…

Quelle ironie, n'est-ce pas ? Imaginez un peu : le plus grand magicien de l'histoire, spécialiste des évasions de toutes sortes, cloué au lit par sa femme au moyen de vulgaires bouts de tissu !

Au bout d'une semaine de traversée, nous atteignîmes enfin les côtes de Belgique… À l'approche du port d'Anvers, un embouteillage de navires de toutes tailles retarda encore notre arrivée. Excédé, je me rendis au poste de pilotage. En haussant les épaules, le capitaine déroula une carte maritime devant mes yeux :

« Voyez par vous-même, monsieur Houdini. Pas moins de neuf navires attendent d'accoster au port d'Anvers : un paquebot (notre SS Kensington, qui occupe 4 cases de la grille), deux chalutiers (3 cases), trois voiliers (2 cases) et trois canots à moteur (1 case). À l'heure actuelle, nous naviguons à vue et seule la position de deux canots à moteur est connue sur la carte. Mais pour nous permettre de nous repérer, la capitainerie vient de nous transmettre de

nouvelles informations : les chiffres indiqués en marge de la carte correspondent au nombre de tronçons de bateaux présents sur chaque ligne et chaque colonne de la zone. Bien évidemment, pour des raisons évidentes de sécurité maritime, les bateaux ne sont pas autorisés à naviguer trop près les uns des autres. Deux embarcations ne peuvent pas se situer sur des cases adjacentes, même en diagonale. Une fois les bateaux correctement situés, seules certaines balises, représentées par des lettres sur la carte, seront encore visibles et à ce moment seulement, nous pourrons accoster ! »

	1	5	2	1	5	0	4	1
5	O				P			F
0								
4		M			E			
2			C				●	
1		E						
3			A		L			
2							I	
2		E		●			N	

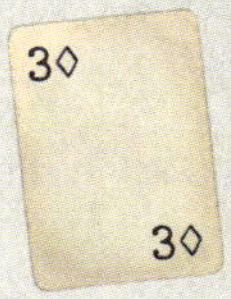

Quel mot-code peut être formé à l'aide des balises correspondant aux cases qui ne sont pas occupées par des navires?

NE TOURNEZ PAS LA PAGE !

Pour pouvoir lire la suite de ce chapitre, vous devez d'abord résoudre l'énigme ci-dessus.

Enfin, nous accostâmes à Anvers, avant de gagner Londres le lendemain.

Une fois arrivés, je m'aperçus que cette traversée houleuse et ce mal de mer infernal n'étaient que le début du cauchemar… Ce Richard Pitrot n'était en réalité qu'un fieffé menteur : nous n'avions, à Londres, aucune tournée de prévue, et aucun contrat signé avec des théâtres…

Encore pire : je me rendis rapidement compte que personne en Angleterre n'avait jamais entendu parler de Houdini ! Ma déception et celle de ma chère Bessie, qui m'avait suivi jusqu'ici, étaient indescriptibles.

Nous nous rendîmes de salle en salle, tentant de vendre les mérites des Houdini, coupures de journaux américains à l'appui. En vain : les directeurs artistiques des théâtres que nous rencontrions avaient déjà engagé leurs artistes jusqu'à la fin de l'année et ils n'avaient certainement pas besoin d'un couple de magiciens sorti de nulle part…

Au bout de quelques jours, je pus finalement décrocher un entretien avec le gérant de l'Alhambra Theatre, un théâtre au cœur de Londres : un certain C. Dundas Slater. Grâce à ses relations, il allait nous ouvrir les portes de la capitale britannique, et bientôt de l'Europe tout entière !

LES INFORMATIONS OBTENUES GRÂCE À CE SOUVENIR VOUS PERMETTRONT DE RÉSOUDRE L'ÉNIGME DU CHAPITRE SUIVANT :

☞ **14/06/1900** : Houdini vs Scotland Yard

14/06/1900

HOUDINI VS SCOTLAND YARD

Depuis notre arrivée à Londres une semaine plus tôt, après cette traversée sur le transatlantique *SS Kensington* qui avait bien failli me coûter la vie, Bessie et moi cherchions désespérément des salles où nous produire.

J'avais l'impression d'avoir été trahi par Martin Beck. Il m'avait promis un succès assuré en Angleterre et je m'attendais à ce que tous les théâtres de Londres nous déroulent le tapis rouge, mais personne ne connaissait ne serait-ce que le nom de Houdini…

Après plusieurs jours de recherche, nous rencontrâmes finalement C. Dundas Slater, le manager de l'Alhambra Theatre, à Leicester Square, le premier à montrer un intérêt - encore très relatif - pour notre spectacle :

« Ce que vous proposez pourrait m'intéresser, moi qui suis toujours à la recherche de nouvelles performances ! Mais vous tombez mal : il n'y a pas deux jours, Cirnoc le magicien m'a présenté un spectacle avec des numéros sensiblement équivalents aux vôtres et je lui ai déjà proposé des dates. Il parvient à se délivrer de paires de menottes, lui aussi, et me paraît tout aussi doué que vous…

— Allons, soyez sérieux… Personne n'égale le grand Houdini, le maître de l'escapologie ! Laissez-moi vous prouver toute l'étendue de mon talent ! Que puis-je faire pour vous montrer que c'est moi que vous devez engager, et pas un autre ?

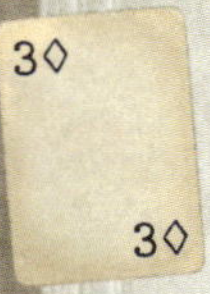

— Eh bien... J'aurais peut-être une idée... Vous clamez que vous vous êtes déjà échappé de prisons, aux États-Unis. Je suis justement un ami proche du superintendant Melville. Il dirige le poste de police le plus célèbre du monde : Scotland Yard ! Si vous parvenez à vous échapper de là, je signe un contrat avec vous pour plusieurs représentations. Quand seriez-vous disponible pour tenter cette expérience ?

— Et si nous y allions de ce pas ? »

Une heure plus tard, nous avions rejoint Scotland Yard, un bâtiment de briques rouges et blanches aux allures de manoir situé au bord de la Tamise, où je fis la connaissance de William Melville. Le superintendant affichait une mine pour le moins perplexe, voire légèrement dédaigneuse :

« Allons, Slater... Je connais ton goût pour ces numéros d'esbroufe, mais le Yard a mieux à faire que de servir de lieu d'expérimentation pour des charlatans ! Mais après tout... Voir ce bonimenteur de foire se dépêtrer de ses chaînes peut s'avérer amusant ! »

Melville me passa les bras autour d'un pilier et verrouilla une paire de menottes à mes poignets. Cette brute serra les pinces si fermement que le métal m'entailla la peau.

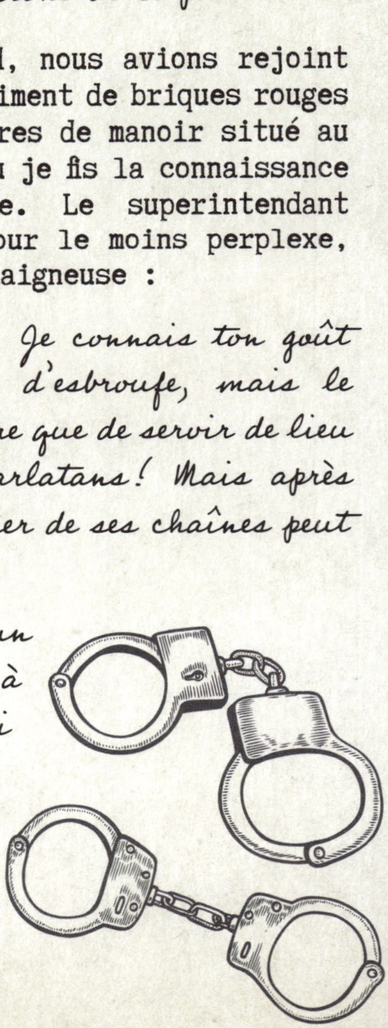

« Voilà de quelle façon nous nous occupons des Yankees, quand ils débarquent en Angleterre et s'attirent des ennuis ! Ces menottes ont été conçues par les meilleurs ingénieurs anglais et elles sont impossibles à ouvrir sans la clé, croyez-moi. Venez, Slater, allons manger un morceau ! Nous viendrons récupérer ce pitre après le déjeuner... »

Quel est le mot-code permettant de déverouiller les menottes ?

NE TOURNEZ PAS LA PAGE !

Pour pouvoir lire la suite de ce chapitre, vous devez d'abord résoudre l'énigme ci-dessus.

Pour cela, le souvenir suivant de Harry Houdini vous sera utile :

☞ **30/05/I900** : Départ pour l'Europe

Moins de dix secondes plus tard, j'étais libre. J'apostrophai Melville et Slater avant même qu'ils n'aient atteint la porte :

« Après le déjeuner, dites-vous ? Permettez-vous que le yankee vous accompagne ? »

Melville criait déjà à la manipulation, tandis que Slater salua ma performance d'une salve d'applaudissements. Dans l'heure qui suivit, nous signâmes un contrat pour une semaine de représentations.

Grâce à la confiance de Slater et à un bouche-à-oreille fulgurant, je connus un succès immédiat à Londres, puis dans toute l'Angleterre, avant de conquérir l'Allemagne, où les foules se pressaient dans les salles. Certains théâtres durent même déplacer des murs pour pouvoir accueillir plus de personnes !

Je dormais cinq heures par nuit. J'enchaînais représentations, interviews pour les journaux et séances de photographies. Mon frère Dash, sous le nom de Hardeen, me rejoignit alors en Europe, pour m'aider à assurer davantage de représentations et éviter que des usurpateurs ne s'emparent de ce créneau porteur.

Je devenais ce dont j'avais toujours rêvé : une légende internationale.

Composants d'une paire de menottes

- ♠ Clé
- ♡ Poignet droit
- ♣ Poignet gauche
- ♢ Panneton
- ♔ Charnière
- ⛤ Pêne

6♠ 6♠

LES INFORMATIONS OBTENUES GRÂCE À CE SOUVENIR VOUS PERMETTRONT DE RÉSOUDRE L'ÉNIGME DU CHAPITRE SUIVANT :

☞ 17/03/1904 : DEUXIÈME DÉFI :
Les menottes du *Mirror*

10/05/1903

LE CONVOI RUSSE

Après avoir conquis, grâce à mes numéros d'escapologie, le public du Royaume-Uni, de France et d'Allemagne, je m'étais engagé pour plusieurs mois de tournée en Russie, avec Bessie.

Malgré l'antisémitisme latent que nous ressentions partout dans le pays, notre spectacle connaissait, là encore, un succès éclatant. Et même si je ne parlais pas un mot de slave et que très peu de Russes maîtrisaient l'anglais, l'ensemble du public appréciait mes tours et ovationnait chaque représentation : le langage de la magie était universel !

Comme dans les autres pays où je m'étais précédemment produit, je contactais différents postes de police et plusieurs prisons pour y perpétrer l'une de mes rocambolesques évasions dont la presse était si friande. Mais en Russie, pour la première fois, j'essuyais refus sur refus de la part des autorités…

Au mois de mai 1903, enfin, je réussis à convaincre le chef Lebedoeff, de la prison Butyrskaya, à proximité de Moscou, de faire de moi son prisonnier ! Il refusa de m'incarcérer dans son établissement pénitentiaire, mais consentit à m'enfermer à l'intérieur de la *Black Maria*, une cellule mobile aux parois de zinc tractée par des chevaux, destinée à transporter les prisonniers les plus dangereux jusqu'en Sibérie.

Le marché entre Lebedoeff et moi était simple : si je parvenais à m'échapper, la police russe me décernerait, en guise de trophée, un diplôme certifiant mon évasion. Si j'échouais, je me retrouverais derrière les barreaux dans une geôle au fin fond de la Russie, sans autre forme de procès.

Après discussions, la performance eut finalement lieu le 10 mai. Dans la cour de la prison, malgré le froid, je fus déshabillé et fouillé, nu comme un ver, puis attaché par des chaînes et menotté, avant d'être jeté au fond de cet espèce de coffre-fort sur roues. Déjà, le convoi était en route vers la Sibérie…

Je n'eus aucun mal à me détacher des chaînes et à ouvrir les menottes (une paire de fabrication anglaise très répandue et aisément crochetable), mais la cellule roulante elle-même allait me donner plus de fil à retordre.

Fort heureusement, j'avais été autorisé à inspecter le convoi la veille, avec mon nouvel assistant, Franz Kukol. Je m'étais alors donné en spectacle en examinant la portière et en mesurant la distance séparant la serrure d'une petite fenêtre à barreaux, sur le flanc de la cellule. Je savais qu'il n'y avait aucun moyen de s'échapper par là, mais cela avait suffi à distraire l'attention des Russes et à permettre à Kukol de se glisser sous le chariot, où il avait identifié le véritable point faible de la structure : le plancher métallique !

Je retirai alors de ma main gauche un sixième doigt factice, auquel les policiers russes n'avaient pas prêté la moindre attention, et j'en extirpai un petit outil semblable à un ouvre-boîtes, qui allait me permettre de découper le sol en zinc de la cellule.

Grâce aux repérages de la veille, j'avais pu dessiner un schéma de ce plancher :

	S					
2	I		6		O	1
P		G			T	
	U		E	M		
F			5		E	
	A	6			4	D
				L		

Avec mon ouvre-boîtes de fortune, je devais relier le centre de certaines des cases de la grille par un trait de découpe continu fermé, sans qu'il ne se croise ou qu'il ne traverse de cases rouges contenant un chiffre. Le chiffre dans ces cases rouges désignait le nombre de cases voisines (y compris en diagonale) traversées par ce fameux trait de découpe…

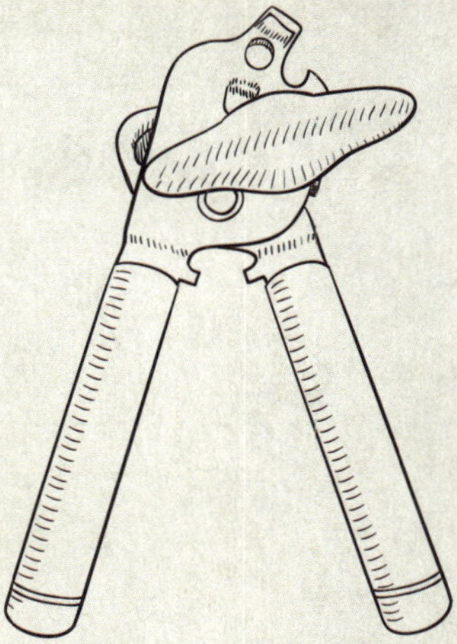

Quel est le mot-code formé à partir des lettres traversées par le trait de découpe ?

NE TOURNEZ PAS LA PAGE !

Pour pouvoir lire la suite de ce chapitre, vous devez d'abord résoudre l'énigme ci-dessus.

Quarante-cinq minutes plus tard, je frappais à la porte de la prison, où Bessie m'attendait. Les officiers, estomaqués, inspectèrent la portière du convoi, toujours parfaitement verrouillée…

Cependant, aucun journal ne se fit jamais l'écho de cette évasion brillamment exécutée et la police russe, refusant de reconnaître que j'étais parvenu à m'échapper, ne me décerna donc pas le diplôme promis…

Peu importe : le récit de mon évasion miraculeuse se répandit à travers le pays comme une traînée de poudre, grâce au bouche-à-oreille. En Russie aussi, le grand Houdini était devenu un héros !

Il ne me restait plus qu'à retourner en Angleterre, où mon tour d'Europe devait s'achever : les dernières représentations prévues au London Hippodrome devaient conclure cette tournée triomphale…

LES INFORMATIONS OBTENUES GRÂCE À CE SOUVENIR VOUS PERMETTRONT DE RÉSOUDRE L'ÉNIGME DU CHAPITRE SUIVANT :

☞ **12/03/1904** : Le challenge de Bennet

12/03/1904

LE CHALLENGE DE BENNET

Ce soir du I2 mars, à la fin de ma représentation au London Hippodrome, je m'adressai comme j'en avais l'habitude au public en ces termes :

« Ladies & gentlemen, je vais maintenant inviter tous ceux d'entre vous qui ont amené une paire de menottes à monter sur scène pour défier le grand Houdini, the Handcuff King ! »

Comme à chaque fois, une petite dizaine de spectateurs me rejoignit sur scène et, l'un après l'autre, ils me passèrent leurs menottes aux poignets. La plupart du temps, je parvenais à me libérer en moins de cinq secondes. Certains modèles étaient plus fantaisistes et me demandaient parfois quelques manipulations supplémentaires. Mais depuis plusieurs années que je me prêtais à l'exercice, pas une seule fois je ne fus inquiété. Pas une seule fois… Jusqu'à ce soir du I2 mars !

L'une des dernières personnes à monter sur scène était un homme vêtu d'un costume parfaitement taillé et tenant à la main une paire de menottes assez étonnantes, dans leur forme et leur composition. Pour être parfaitement honnête, malgré toute mon expérience, je n'avais jamais rien vu de tel. Aussi, flairant un piège, je rejetai le défi sans plus attendre :

« Je suis navré, mais il ne s'agit pas de menottes réglementaires. Je ne peux donc pas accepter ce défi. D'autres spectateurs souhaitent-ils affronter le grand Houdini ? »

L'homme en costume refusa pourtant de laisser sa place et prit la parole :

« Je me présente : je m'appelle Will Bennet, journaliste au Daily Mirror. Laissez-moi vous raconter l'histoire de ces menottes. Au cours d'un de mes reportages, j'ai rencontré Nathaniel Hart, un serrurier de Birmingham. Cet artisan a passé ces cinq dernières années à mettre au point une serrure qu'aucun être humain ne saurait crocheter. Ces menottes, de conception anglaise, ont été forgées dans du métal anglais. Monsieur Houdini, le célèbre magicien américain, craindrait-il d'être mis en échec par une paire de menottes britanniques ? »

Bennet avait réussi à capter toute l'attention du public. Je rappelai alors qu'il ne s'agissait pas de menottes conventionnelles et je me tournai vers d'autres spectateurs venus me défier, réussissant à chaque fois à me libérer en quelques secondes. Dans mon dos, Bennet ne lâchait pas l'affaire :

« Partout, je vois des articles de presse vantant vos mérites. Vous vous êtes échappé de prisons en Allemagne et d'une cellule roulante en Russie. Mais si vous refusez ce défi, vous ne pourrez plus jamais vous présenter comme le maître des menottes ! »

Le public était désormais tout acquis à la cause de Bennet. Pris au piège, je n'avais pas d'autre choix que de revenir vers le journaliste pour inspecter plus attentivement ces fameuses menottes.

Elles présentaient la particularité d'être fabriquées d'un seul tenant, avec une unique pièce de métal en forme de lunettes.

Positionnées dans chacune des deux boucles, les mains du prisonnier se retrouvaient légèrement désaxées l'une par rapport à l'autre. La partie supérieure du dispositif reposait sur un long et épais tube de métal, dans lequel il fallait insérer une longue clé, à tourner plusieurs fois dans un sens puis dans l'autre pour ouvrir les menottes. Avec les poignets serrés par les menottes, il semblait physiquement impossible d'atteindre la serrure avec un passe-partout.

Déjà, j'étais terrorisé… Par ses applaudissements et ses acclamations, le public m'encourageait à relever le défi, mais je savais que ces menottes risquaient de me coûter ma carrière. Pensif, mon regard se posa sur un billet du spectacle, perdu sur la scène, qui contenait la réponse à mes interrogations.

Quel est le mot auquel Houdini a pensé en voyant le billet du spectacle?

NE TOURNEZ PAS LA PAGE !

Pour pouvoir lire la suite de ce chapitre, vous devez d'abord résoudre l'énigme ci-dessus.

Pour cela, le souvenir suivant de Harry Houdini vous sera utile :

☞ I0/05/I903 : Le convoi russe

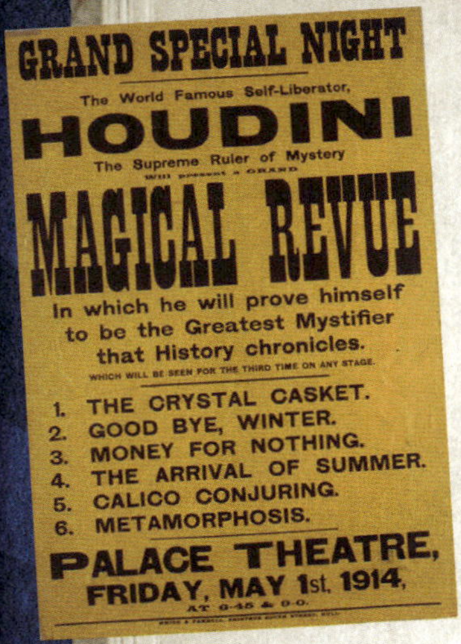

J'acceptai finalement de relever le défi - la ferveur du public m'y obligeait - en posant mes conditions :

« Monsieur Bennet, j'ai déjà donné deux représentations aujourd'hui et je suis exténué. Ces menottes ont mis cinq ans à être conçues, aussi vous comprendrez aisément que je ne pourrai pas m'en défaire en cinq minutes. Je vous propose donc que nous nous retrouvions le 17 mars, le jour de la Saint-Patrick, pour une représentation spéciale au cours de laquelle je tenterai de venir à bout des menottes du Mirror ! »

Grâce à l'extraordinaire publicité offerte par les articles successifs du *Daily Mirror* dans les jours qui suivirent, le défi faisait vibrer toute la ville de Londres. La représentation de la Saint-Patrick s'annonçait historique, mais de mon côté, je n'affichais pas une confiance démesurée. J'étais déjà parvenu à m'échapper de toutes sortes de menottes, je n'avais perdu à ce jour aucun défi. Mais, pour la première fois, je craignais de devoir m'avouer vaincu par les menottes du *Mirror*…

Les menottes du *Mirror*
(schéma simplifié)

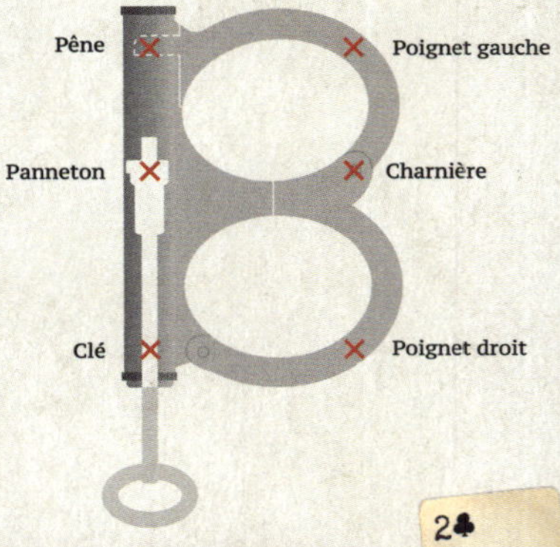

LES INFORMATIONS OBTENUES GRÂCE À CE SOUVENIR VOUS PERMETTRONT DE RÉSOUDRE L'ÉNIGME DU CHAPITRE SUIVANT :

☞ **17/03/1904** : DEUXIÈME DÉFI :
Les menottes du *Mirror*

17/03/1904

DEUXIÈME DÉFI : LES MENOTTES DU *MIRROR*

Le 17 mars 1904, j'arrivai au milieu de l'après-midi au London Hippodrome, un nouveau théâtre sur Charing Cross Road, à Londres, pour ce qui resterait dans les mémoires comme le plus grand défi de ma carrière.

Pour la première fois, je montais sur scène avec un poids énorme sur les épaules. L'équation était simple : soit je réussissais à remporter ce défi et ma popularité en ressortirait décuplée, soit j'échouais et je pouvais dire adieu à ma carrière.

Depuis plusieurs nuits, je ne dormais plus. Anxieux, je repensais à notre départ pour l'Angleterre, puis à nos premiers succès, lancés par cette évasion spectaculaire de Scotland Yard. Je me remémorais également notre tournée couronnée de succès de près de quatre ans en Europe, ces foules conquises à Paris, Berlin ou Moscou… Je savais que ce jour du 17 mars 1904 pourrait très bien mettre un terme définitif à l'ascension triomphale du grand Houdini…

Quatre mille personnes et une centaine de journalistes s'étaient massés au London Hippodrome, l'une des plus belles salles de toute l'Angleterre. La foule, galvanisée par les articles parus au cours des derniers jours, était venue voir si Houdini pouvait vraiment être battu !

À 15 h 15 précisément, un homme en costume monta sur la scène et prit place à mes côtés. C'était lui, Will Bennet, journaliste au *Daily Mirror*, qui m'avait lancé ce défi, cinq jours plus tôt. Dans ses mains, il tenait l'objet du défi :

une paire de menottes d'une conception toute particulière, certifiée inviolable par son créateur.

Sans autre forme de cérémonie, Bennet me passa les bracelets aux poignets et verrouilla le mécanisme d'un tour de clé. Face à la foule compacte, je levai les mains bien haut pour montrer à tous les spectateurs que j'étais désormais prisonnier :

« Me voilà maintenant menotté par ce dispositif qu'un de vos compatriotes britanniques a mis cinq ans à créer. Je vais être honnête avec vous : j'ignore totalement si je vais réussir ce défi. Mais vous pouvez compter sur moi, le grand Houdini, pour faire de mon mieux ! »

Je pénétrai alors sous le chapiteau miniature installé au milieu de la scène - ma « maison hantée », comme je me plaisais à l'appeler - qui me servait à dissimuler au public mes plus habiles techniques. Au même instant, l'orchestre commença à jouer.

Je passai près d'une heure sous la tente. Soixante longues minutes de contorsions et de tentatives de crochetage infructueuses. Agenouillé sous le chapiteau, mes articulations me faisaient souffrir le martyre et la chaleur manquait de me faire suffoquer.

Alors que je ressortais enfin, tout en sueur et les menottes toujours fermement attachées aux poignets, des murmures de déception s'élevèrent du public. Bessie, impassible depuis le début de la représentation, quitta la salle par les coulisses. Elle ne pouvait pas supporter de voir son époux dans une situation aussi désespérée et ne pouvait pas envisager devoir assister à ma défaite.

J'observai, l'espace de quelques minutes, les menottes sous la lumière des projecteurs et j'eus soudain une illumination. Je retournai rapidement sous mon chapiteau en pensant aux techniques que j'avais apprises, presque vingt ans plus tôt, alors que je travaillais comme apprenti serrurier à Appleton. En cet instant précis, je compris qu'une nouvelle fois, je remporterais ce défi !

Quel est le mot-code permettant d'ouvrir les menottes du *Mirror*?

NE TOURNEZ PAS LA PAGE !

Pour pouvoir lire la suite de ce chapitre, vous devez d'abord résoudre l'énigme ci-dessus.

Pour cela, les souvenirs suivants de Harry Houdini vous seront utiles :

☞ **15/03/1885** : L'apprenti de monsieur Hanauer

☞ **14/06/1900** : Houdini vs Scotland Yard

☞ **12/03/1904** : Le challenge de Bennet

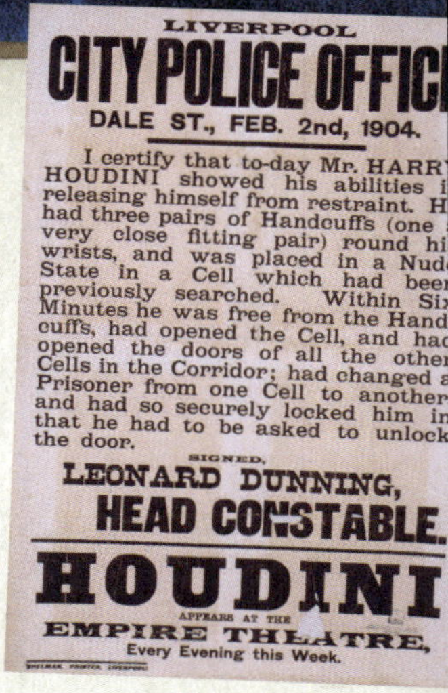
LIVERPOOL

CITY POLICE OFFIC

DALE ST., FEB. 2nd, 1904.

I certify that to-day Mr. HARR
HOUDINI showed his abilities i
releasing himself from restraint. H
had three pairs of Handcuffs (one
very close fitting pair) round hi
wrists, and was placed in a Nud
State in a Cell which had bee
previously searched. Within Si
Minutes he was free from the Hand
cuffs, had opened the Cell, and ha
opened the doors of all the othe
Cells in the Corridor; had changed a
Prisoner from one Cell to anothe
and had so securely locked him in
that he had to be asked to unlock
the door.

SIGNED,

LEONARD DUNNING,

HEAD CONSTABLE.

HOUDINI

APPEARS AT THE

EMPIRE THEATRE,

Every Evening this Week.

Moins d'une dizaine de minutes plus tard, je ressortis à nouveau de mon chapiteau. Et cette fois, je tenais les menottes à la main. J'étais libre !

Des centaines de personnes envahirent alors la scène, dans un tonnerre d'ovations et d'applaudissements. Le public me souleva et me porta en héros. Après les moments de doute que j'avais traversés ces derniers jours, j'en avais les larmes aux yeux. Je pris rapidement la parole, pour remercier l'assistance et clôturer officiellement le défi :

« J'ai bien cru ne pas pouvoir me débarrasser de ces menottes, dont le secret repose sur d'ingénieuses serrures imbriquées. Mais vos applaudissements m'ont donné la force nécessaire ! Ce défi aurait pu marquer le glas de ma carrière, mais vous en êtes témoins : rien sur Terre ne peut retenir Houdini prisonnier ! »

J'avais connu le succès aux États-Unis. J'avais connu le succès en Europe. Et maintenant, que faire ? Je savais bien que l'on finirait par se lasser de ces numéros. Je ne pouvais plus simplement m'échapper de chaînes, de camisoles ou de menottes. Il fallait que je trouve un moyen de faire frissonner mon public, il fallait que mes spectateurs ressentent le risque et le danger. Désormais, pour chacun de mes tours, je devrais défier la mort !

VOUS POUVEZ POURSUIVRE VOTRE LECTURE AU CHAPITRE :

☞ **07/07/1912** : TROISIÈME DÉFI : Une caisse dans l'East River

27/11/1906

LES EAUX GLACÉES DE LA RIVIÈRE DÉTROIT

En ce mardi de fin novembre 1906, à une dizaine de mètres au-dessus de la rivière Détroit, l'air était tout simplement glacial.

De vives bourrasques de neige venaient inlassablement nous fouetter le visage et, bien que nous nous trouvions en début d'après-midi, nous ne pouvions pas voir à plus de trois mètres de distance. Appuyés sur la balustrade du pont Belle-Isles pour tenter de distinguer la surface de la rivière parmi les flocons, le secrétaire de police Nichols et l'attaché de presse du Temple Theater, John H. Finn, grelottaient dans leur manteau d'hiver et leurs bottes fourrées.

Je me tenais à côté d'eux, droit et fier, les mains et les pieds attachés par de lourdes chaînes, vêtu d'un simple costume de bain.

Quand cette nouvelle performance inédite avait été programmée, quelques semaines plus tôt, nous n'avions aucune idée que les températures allaient chuter d'une façon si spectaculaire. Depuis plusieurs jours, tout mon entourage m'avait vivement conseillé de reporter le numéro. Bessie, terrorisée à l'idée de me voir plonger dans ces eaux glaciales, avait renoncé à faire le déplacement. Mais pour moi, reculer n'était pas une option, quelles que soient les conditions !

La rivière Détroit était gelée ? Qu'importe… J'avais demandé qu'on perce un trou de deux mètres de diamètre dans la glace en contrebas du pont. Voilà qui rendrait la performance plus sensationnelle encore !

J'enjambai la balustrade du pont, prêt à sauter. Au dernier moment, je me ravisai et je demandai à un des journalistes présents une feuille de son calepin et un stylo. Les doigts engourdis par le

froid, je griffonnai tant bien que mal quelques mots sur le morceau de papier, paraphai le court texte et lui rendis la feuille avec un regard complice :

« Testament.

À Bessie, mon amour de toujours :

je lègue tout, sans exception.

Houdini »

Je connaissais la presse comme personne et je savais que ces phrases chargées de mélancolie seraient reprises à la lettre dans les éditions du lendemain matin, ajoutant encore à la dangerosité supposée de la performance et m'attirant le respect le plus sincère des lecteurs.

Enfin, je fis savoir à la dizaine de personnes présentes pour certifier mon exploit que j'étais prêt. Tout le monde se tut et recula de quelques pas, afin de laisser le grand Houdini se concentrer.

Adossé au parapet, les orteils dans le vide, je respirai calmement, tentant d'abaisser au maximum mon rythme cardiaque.

Puis je sautai dans le vide.

Lorsque j'atteignis l'eau, dix mètres plus bas, le froid pénétra mon corps comme une centaine de lames acérées. Alors que j'étais attiré vers les profondeurs de la rivière par le poids des chaînes, une crampe paralysa presque totalement ma main gauche.

Déjà, mes poumons me brûlaient et ma tête tournait.

Je m'aidai de quelques battements de pieds pour éviter d'être totalement englouti par les eaux glaciales. En quelques secondes, j'étais venu à bout des menottes qui entravaient mes poignets et

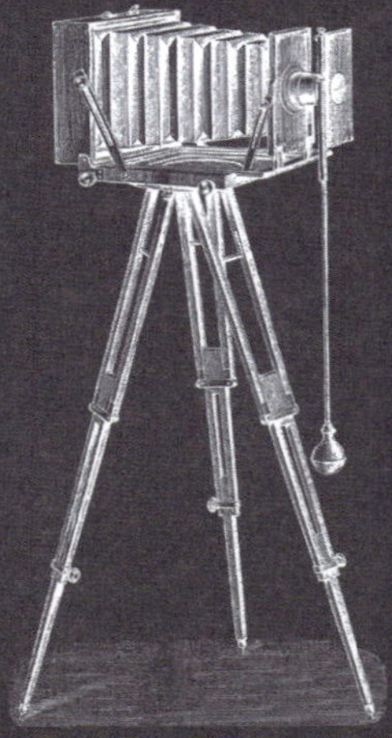

mes chevilles, mais je remarquai que le courant m'avait emporté : je ne retrouvais plus le trou dans la glace, là où j'avais plongé. Ma seule issue.

Enfin, je repérai dans ces eaux ténébreuses un rayon de lumière. Je progressai sous la surface en direction du trou, reprenant ma respiration grâce aux poches d'air formées entre l'eau et la glace, pensant à mes compétitions de natation alors que j'étais adolescent.

Je passais, depuis mon point de départ en bas à gauche de la grille, d'une case à une autre case adjacente, jamais en diagonale, et de telle sorte que mon trajet jusqu'au trou dans la glace ne se retouche jamais (pas même en diagonale), les nombres inscrits à l'extérieur de la grille indiquant le nombre de cellules à colorier sur la ligne ou la colonne correspondante.

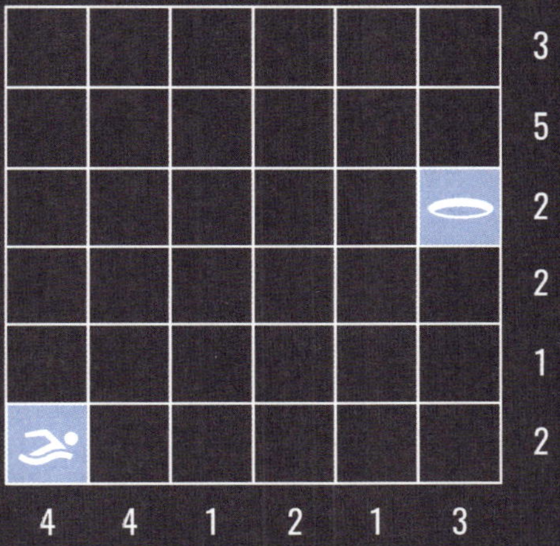

Quel est le mot-code symbolisant la bonne trajectoire sous la glace?

NE TOURNEZ PAS LA PAGE !

Pour pouvoir lire la suite de ce chapitre, vous devez d'abord résoudre l'énigme ci-dessus.

Pour cela, le souvenir suivant de Harry Houdini vous sera utile :

☞ **21/06/1890** : Esprit de compétition

Au bout de quelques minutes, je parvins à retrouver le trou dans la glace et je regagnai la rive !

Comme je l'avais imaginé, la presse relaya mon exploit et la foule s'invita en nombre à chacune de mes tentatives ultérieures. J'avais vu juste : rien ne pouvait faire davantage frissonner le public que de me voir risquer ma vie devant leurs yeux !

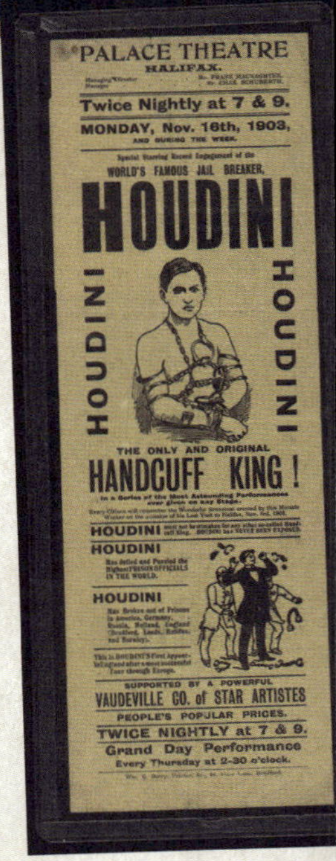

Assistants
Représentations 1911

Bessie
Septembre : Boston
Octobre : New York
Décembre : Philadelphie

Dash
Septembre : Boston & New York
Octobre : Baltimore
Décembre : Philadelphie

Franz Kukol
Septembre : New York & Baltimore
Octobre : Boston
Novembre : Baltimore

Jim Collins
Septembre : New York
Décembre : Philadelphie

James Vickery
Septembre : Boston
Octobre : Baltimore
Novembre : New York
Décembre : Philadelphie

Malheureusement, ces performances en extérieur, aussi téméraires fussent-elles, n'étaient absolument pas lucratives… Je mettais ma vie en danger à chaque représentation sans empocher le moindre dollar.

Il me fallait donc profiter rapidement de ce nouvel élan de notoriété pour attirer le public dans les salles ! Ainsi, j'allais passer les années suivantes de ma vie à mettre au point d'ingénieux numéros, tout aussi risqués et spectaculaires, que j'interprétais sur les scènes des plus grands théâtres, accompagnés de mes fidèles assistants.

LES INFORMATIONS OBTENUES GRÂCE À CE SOUVENIR VOUS PERMETTRONT DE RÉSOUDRE L'ÉNIGME DU CHAPITRE SUIVANT :

☞ **07/07/1912** : TROISIÈME DÉFI : Une caisse dans l'East River

25/01/1908

LE POT À LAIT MIRACULEUX

Mon premier défi à la mort, sur la scène d'une salle de spectacle, se déroula au Columbia Theatre de Saint-Louis, dans le Missouri.

Ce soir de janvier 1908, la salle était à nouveau comble. Depuis plusieurs semaines, des affiches annonçant cette représentation exceptionnelle avaient été placardées dans toute la ville. Pour capter toute l'attention de mon public, j'y avais fait écrire en lettres capitales l'avertissement suivant : *« Toute erreur entraînera une mort certaine par noyade ! »*

Pour ce numéro sensationnel, j'étais enfermé dans un pot à lait de taille remarquable, rempli à ras bord d'eau. Privé d'oxygène, je devais accomplir l'exploit de me libérer de ce caisson hermétique avant de mourir asphyxié.

S'il n'avait pas été question d'eau, cette évasion n'aurait finalement pas été bien différente de mes précédents tours. Mais, dans l'esprit des spectateurs, l'eau changeait tout. L'eau représentait le danger, le risque de noyade. En un mot : la mort.

Et, au fond, si le public était venu si nombreux ce soir, ce n'était certainement pas pour assister à une nouvelle évasion. Non… C'était plutôt avec l'aspiration malsaine d'être un témoin direct de ma noyade !

Une fois les derniers spectateurs assis, le théâtre fut plongé dans le noir. Dans un roulement de tambour, une voix grave ouvrit la représentation en ces termes :

« Mesdames et messieurs, merci d'accueillir la star internationale de l'évasion, le maître incontesté des menottes, l'homme qui défie la mort : le seul et unique Houdini ! »

La scène s'illumina alors, laissant les spectateurs découvrir ce surprenant pot à lait métallique dressé à mes côtés. L'orchestre commença à jouer et mes assistants remplirent le pot à l'aide de dizaines de seaux d'eau, pendant que j'enfilais en coulisses un costume de bain.

Lorsque je revins sur scène et que je pris place à l'intérieur du pot à lait, j'entendis déjà des murmures de frisson s'élever de la salle : pour la première fois, les spectateurs prenaient réellement conscience que j'allais risquer ma vie sous leurs yeux…

J'invitai alors le public à prendre une grande bouffée d'air et à retenir son souffle avec moi, pour leur faire ressentir intimement le danger. Je plongeai la tête sous l'eau et un imposant chronomètre placé sur scène commença à décompter les secondes, au rythme de l'orchestre. Au bout d'une demi-minute, les premiers spectateurs, à bout de souffle, abandonnèrent. Certains tinrent quelques dizaines de secondes supplémentaires, tout au plus. De mon côté, grâce à mon expérience et mon entraînement, je restai sous l'eau près d'une minute trente, avant de ressortir la tête de la jarre, tout sourire.

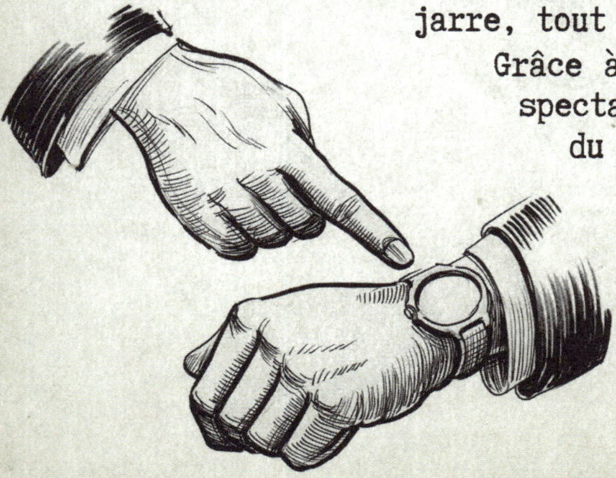

Grâce à cette petite mise en bouche, les spectateurs étaient pleinement conscients du danger et de la difficulté du défi. Le numéro du pot à lait miraculeux pouvait désormais commencer !

Un assistant me passa des menottes aux poignets, j'inspirai une dernière bouffée d'oxygène et je plongeai la tête sous l'eau à nouveau. Le couvercle du pot à lait fut alors scellé à l'aide de six cadenas de couleur. Pour avoir répété le tour plusieurs fois, je savais parfaitement que :

- ☞ La serrure **mauve** serait à côté de la serrure **verte**.
- ☞ La serrure **jaune** ne serait pas à côté de la **noire**.
- ☞ La serrure **mauve** ne serait pas en face de la **jaune**.
- ☞ La serrure **noire** serait en face de la **rouge**.
- ☞ La serrure **mauve** serait fixée sur une attache **noire**.

Alors que le rideau se refermait sur la scène, il ne me restait plus qu'à retrouver de quelle couleur était la serrure disposée au niveau du point faible du couvercle.

De quelle couleur est la serrure désignée sur le schéma par un point d'interrogation (noire, bleue, mauve, rouge ou verte) ?

NE TOURNEZ PAS LA PAGE !

Pour pouvoir lire la suite de ce chapitre, vous devez d'abord résoudre l'énigme ci-dessus.

En moins de cinq secondes, j'étais sorti du pot à lait ! Pourtant, je patientai plus de trois minutes, caché derrière le rideau. Plus le public s'inquiéterait, et plus sensationnelle serait mon évasion !

À chaque représentation, à cet instant du spectacle, j'entendais des exclamations incrédules, des cris affolés, parfois même des sanglots de frayeur. Pour meubler ces trois longues minutes passées à attendre derrière le rideau, trempé dans mon costume de bain, je feuilletais souvent un journal. Mon fidèle assistant, Franz Kukol, cherchait en vain à m'en dissuader :

« Monsieur Houdini, faites attention ! Ils vont vous entendre tourner les pages !

— Alors, demande donc à l'orchestre de jouer plus fort ! »

Mais à chaque fois, quand le rideau s'ouvrait finalement sur le grand Houdini, debout à côté d'un pot à lait toujours intact et solidement cadenassé, la foule ne pouvait retenir un tonnerre d'acclamations et d'applaudissements.

J'étais le plus grand showman au monde !

LES INFORMATIONS OBTENUES GRÂCE À CE SOUVENIR VOUS PERMETTRONT DE RÉSOUDRE L'ÉNIGME DU CHAPITRE SUIVANT :

☞ **29/04/1911** : Houdini Upside Down

18/03/1910

VOL AU-DESSUS D'UN NID DE KANGOUROUS

Mes derniers défis à la mort joués sur scène m'avaient valu une renommée mondiale. Fort logiquement, à de nombreuses reprises, il me fut proposé des tournées en Australie, mais je déclinais inlassablement les invitations, refusant de rester éloigné aussi longtemps de ma tendre mère Cecilia.

Au début de l'année 1910, pourtant, je finis par accepter de m'engager pour une série de spectacles à Melbourne. Et la cause de ce revirement de position n'avait rien à voir avec la magie…

Depuis plus d'un an, je m'étais découvert une nouvelle passion : l'aviation. La raison de cet engouement soudain était évidente : j'étais toujours à la recherche de sensations fortes, et la simple idée de flirter avec la mort aux commandes d'un appareil déclenchait en moi d'incontrôlables et savoureuses poussées d'adrénaline.

J'avais donc fait l'acquisition d'un avion, un biplan Voisin de fabrication française (avec mon nom imprimé en lettres capitales sur la carlingue), et j'avais embauché un mécanicien à plein temps, Antonio Brassac, dont la mission était de s'occuper de l'appareil. Après plusieurs tentatives infructueuses à Hambourg, en Allemagne - et notamment un crash spectaculaire au cours duquel je faillis perdre la vie -, je réussis, le 26 novembre 1909, mon premier vol !

Et si j'avais accepté cette tournée en Australie, c'était pour la simple raison que personne n'avait encore piloté un avion dans le pays. Je n'avais donc plus qu'un objectif en tête : devenir le premier homme à survoler l'Australie !

Malgré mon mal de mer toujours aussi vivace, je m'engageai pour un voyage en bateau de plusieurs semaines et j'atteignis finalement l'Australie en février 1910. Le jour, je donnais des représentations de mon spectacle à l'opéra de Melbourne et la nuit, je dormais dans un hangar, sous les ailes de mon biplan, attendant le parfait moment pour tenter de décoller et d'entrer dans l'histoire !

Je n'étais pas le seul à vouloir décrocher la gloire : d'autres pilotes, moins prudents, tentèrent l'expérience malgré une météo peu favorable. Ralph C. Banks, mon rival le plus téméraire, essuya lors d'une de ses tentatives des vents violents qui détruisirent totalement son avion et manquèrent de le tuer.

Ma patience finit par payer : le 18 mars 1910 au petit matin, les conditions météorologiques idéales se présentèrent enfin. Mon mécanicien, Antonio Brassac, qui travaillait comme un forcené, avait terminé les derniers réglages de l'appareil, dont il s'occupait encore mieux qu'une mère peut prendre soin de son enfant.

À huit heures du matin, après une nuit blanche, je décollai de Diggers Rest, en banlieue de Melbourne. Ce vol de près de cinq minutes, à plus de cent pieds, me procura plus de sensations encore que les plus périlleux tours de magie auxquels j'avais pu prendre part au cours des dernières années. Au commande de mon biplan, je survolais les champs, négociant de mon mieux les virages au gré des vents.

Jetant un œil par-dessus la carlingue, je tentai de m'orienter. J'étais parti de la parcelle de champ indiquée par la lettre A. Je volais d'une zone à une autre zone située juste à côté, ou en diagonale, égrenant l'alphabet de parcelle en parcelle au fur et à mesure de mon trajet, de la lettre A à la lettre Y.

Les lettres inscrites en bordure du champ me permettaient de me repérer et constituaient des indices : la lettre en question figurait obligatoirement sur la ligne, la colonne ou la diagonale correspondante.

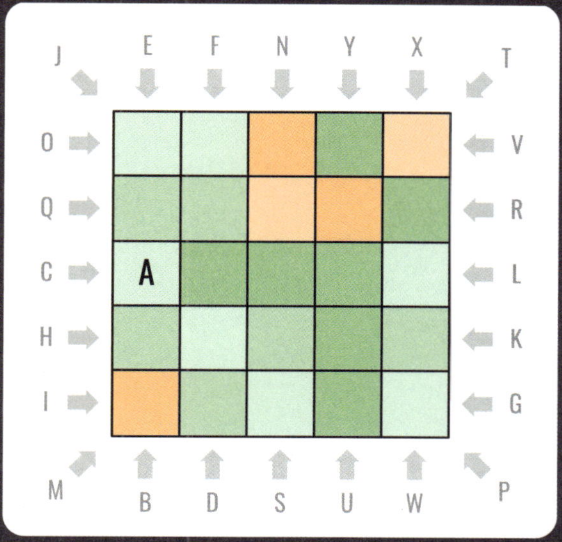

Quel est le mot-code formé à l'aide des lettres contenues dans des parcelles orange ?

NE TOURNEZ PAS LA PAGE !

Pour pouvoir lire la suite de ce chapitre, vous devez d'abord résoudre l'énigme ci-dessus.

Revenu sur la terre ferme après un atterrissage proche de la perfection, je pus enfin savourer ma victoire : j'étais devenu le premier homme à voler au-dessus de l'Australie ! Mon exploit fut consigné dans le livre des records et je reçus un imposant trophée, qui allait bientôt décorer mon domicile new-yorkais.

Après ce vol historique et ma tournée retentissante en Australie, où j'étais désormais davantage connu en tant que pilote chevronné que magicien émérite, je rentrai aux États-Unis en passant par l'Europe et je remisai mon biplan Voisin en Angleterre.

Je me promis de ressortir l'avion de son hangar et de l'utiliser pour une prochaine tournée américaine, voyageant de ville en ville aux commandes de l'appareil… mains menottées, qui plus est !

Ce projet ne vit jamais le jour… Après avoir été le roi des menottes, puis le roi de l'évasion, j'étais devenu un pionnier de l'aviation, et déjà, j'avais besoin de nouveaux défis, plus ambitieux encore…

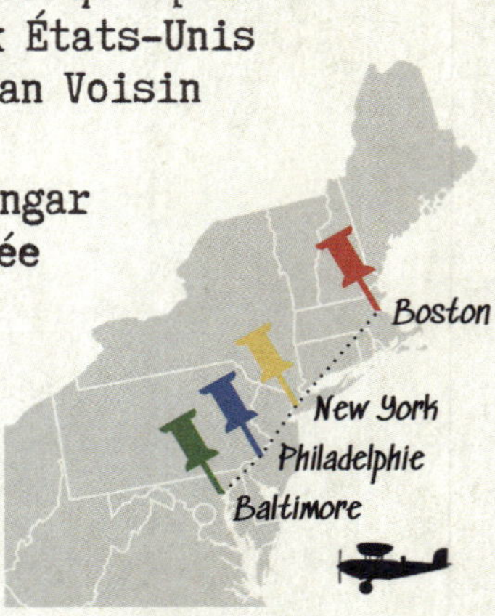

Projet de tournée en biplan (nord-est des États-Unis)

LES INFORMATIONS OBTENUES GRÂCE À CE SOUVENIR VOUS PERMETTRONT DE RÉSOUDRE L'ÉNIGME DU CHAPITRE SUIVANT :

☞ **07/07/1912** : TROISIÈME DÉFI : Une caisse dans l'East River

29/04/1911

HOUDINI UPSIDE DOWN

Ce soir d'avril 1911, à l'Hippodrome Theatre de Southampton, je jouais dans une pièce de théâtre dont j'étais également l'auteur, pour une seule et unique représentation : *Challenged, or Houdini Upside Down**.

Le scénario de cette pièce? Simplissime! Un multimillionnaire et le rédacteur en chef d'un journal lancent un défi au grand Houdini. Les chevilles attachées par des carcans de bois, Houdini se retrouve hissé, la tête à l'envers, au-dessus d'un gigantesque aquarium. Pendu par les pieds, il est plongé dans le réservoir rempli d'eau, tête la première. On fixe hermétiquement les carcans à la cuve et un rideau est disposé autour de l'aquarium. Le grand Houdini va-t-il mourir noyé ou parviendra-t-il à déjouer la mort et à s'échapper?

J'avais engagé des acteurs pour les personnages secondaires et j'interprétais bien évidemment mon propre rôle.

Le prix de la place avait été fixé à une guinée, près de vingt fois le tarif d'une pièce de théâtre traditionnelle. Bien évidemment, compte tenu de ce prix prohibitif, le public fut pour le moins restreint : nous avions vendu un seul billet…

Mais pour une fois, jouer devant une salle presque vide m'importait guère!

Car je savais que ce nouveau numéro - que j'appelais tout simplement «USD», pour *Upside Down* - marquerait le couronnement de ma carrière. Ce serait mon chef-d'œuvre absolu, ma merveille incontestée.

J'avais fait construire ce réservoir bien particulier en Angleterre, pour un budget de plus de dix mille dollars. Une véritable fortune, pour l'époque. Les carcans et le bâti étaient fabriqués en acajou et en acier nickelé, avec des fixations en laiton. Les vitres de l'aquarium avaient été taillées sur mesure, à partir de verre

* « Défié, ou Houdini la tête à l'envers »

trempé de deux centimètres d'épaisseur. L'ensemble du dispositif pesait environ trois quarts de tonne et pouvait contenir plus de mille litres d'eau. Un véritable bijou !

Le tour en lui-même, malgré tous les risques qu'il représentait, ne me faisait pas peur. Ce qui m'effrayait, c'était que d'autres magiciens ne me volent cette idée magistrale. Quelques années plus tôt, alors que j'avais développé le «pot à lait miraculeux», il avait suffi de quelques semaines pour que de sombres imposteurs ne reprennent à leur compte mon numéro…

La loi ne permettait malheureusement pas de breveter des tours de magie, mais il était interdit de rejouer une pièce de théâtre sans l'autorisation de son auteur. Et c'était donc le but de cette unique représentation à Southampton : même avec une seule personne dans le public, mon numéro serait désormais protégé par le droit d'auteur !

Il ne me restait plus qu'à mener cette pièce de théâtre à son terme.

Comme le prévoyait le scénario, je fus plongé par les pieds dans la cuve de verre. Les carcans qui retenaient mes chevilles furent attachés au réservoir au moyen de cadenas. À travers la vitre, je pouvais devenir un mélange de fascination et d'effroi dans les yeux du seul spectateur présent.

Lorsque le réservoir fut caché par le rideau, j'entrepris de me libérer, en exploitant les secrets et mécanismes cachés de mon réservoir ainsi que mes aptitudes naturelles pour l'apnée, que j'avais encore développées depuis le numéro du «pot à lait miraculeux».

Quel est le mot-code caché par Houdini sur les affiches de ses deux derniers numéros ?

NE TOURNEZ PAS LA PAGE !

Pour pouvoir lire la suite
de ce chapitre, vous devez d'abord
résoudre l'énigme ci-dessus.

Pour cela, le souvenir suivant de Harry
Houdini vous sera utile :
☞ **25/01/1908** : Le pot à lait miraculeux

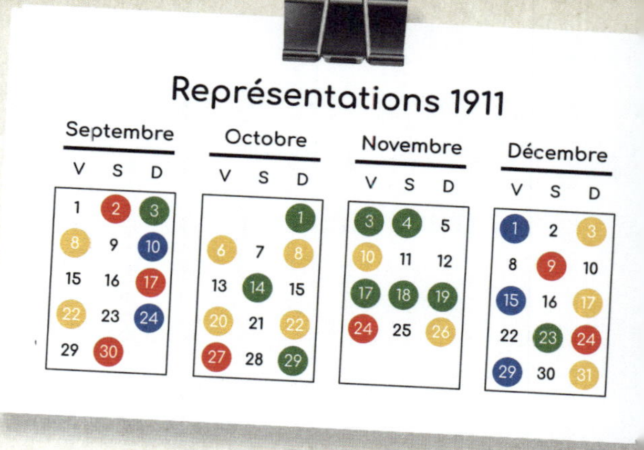

Deux minutes plus tard, ruisselant sur les planches de la scène, j'étais libre.

Le rideau se referma, sous les applaudissements du seul spectateur présent, marquant la fin de la représentation.

J'avais gagné mon pari : la pièce avait été jouée devant un public et se retrouvait ainsi protégée par le droit d'auteur. Aucun magicien ne pourrait jamais reproduire le numéro de l'*Upside Down* sans mon consentement !

Dans les mois et années qui suivirent, ce tour connut un succès triomphal partout aux États-Unis et en Europe. Sous le nom plus saisissant encore de « pagode de torture chinoise », le numéro faisait frissonner les foules pendant plusieurs minutes avant de les laisser pousser de lourds soupirs de soulagement quand je réapparaissais enfin, trempé et le souffle court, mais parfaitement sain et sauf.

Comme je l'avais anticipé, aucun magicien n'eut jamais l'aplomb de s'approprier ce tour. Avec le recul, ce n'était sans doute pas par crainte de poursuites liées à de vulgaires questions de droits d'auteur… C'était tout simplement qu'aucun de mes confrères n'avait jamais réellement compris comment je m'extrayais de la cuve et que personne n'eut jamais le cran d'affronter un tel risque sur scène !

LES INFORMATIONS OBTENUES GRÂCE À CE SOUVENIR VOUS PERMETTRONT DE RÉSOUDRE L'ÉNIGME DU CHAPITRE SUIVANT :

☞ **07/07/1912** : TROISIÈME DÉFI : Une caisse dans l'East River

07/07/1912

TROISIÈME DÉFI : UNE CAISSE DANS L'EAST RIVER

Après ces quatre années passées en Europe, de 1900 à 1904, j'étais revenu m'installer aux États-Unis. Grâce à la fortune amassée au cours de cette tournée magistrale, j'achetai un immeuble tout entier à New York, à quelques rues de Central Park, et j'y emménageai avec Bessie, ma mère Cécilia, mes frères et ma petite sœur. La famille avait toujours été essentielle pour moi, et j'avais enfin les moyens de leur offrir à tous un toit et de leur assurer confort et sérénité.

Aux États-Unis, j'étais resté une célébrité, mais dès les premiers mois qui suivirent mon retour, j'avais compris que le public commençait à se lasser de mes numéros. Pour rester au sommet, j'allais devoir accomplir des numéros toujours plus risqués et sensationnels. J'avais toujours eu le goût du danger et devoir défier la mort sur scène ne m'effrayait pas !

Et, aussi ironique que cela puisse paraître, c'est bien la mort qui m'avait donné une seconde vie, en relançant ma carrière. Car les spectateurs eux aussi avaient cette attirance viscérale pour le danger, et j'avais trouvé très exactement comment les faire vibrer et frémir. Que ce soit en plongeant, menotté, dans les eaux glacées de la rivière Détroit, en m'enfermant tête à l'envers dans un réservoir d'eau de mon invention, ou en devenant le premier homme à survoler l'Australie…

Ce jour de juillet 1912, en fin de matinée, j'avais convié la presse à New York pour un nouveau numéro spectaculaire, au niveau de la jetée n° 6 sur l'East River. Menotté, j'allais être enfermé dans une caisse en bois scellée par des cordages, qui serait immergée au fond du détroit. Comme à leur habitude, les journalistes, à l'affût d'articles à sensation, étaient venus en nombre.

Alors que j'arrivais avec mon matériel et mes assistants à bord d'un remorqueur affrété pour l'occasion, je remarquai que la presse n'était pas venue seule… La police de New York s'était également invitée à l'événement, bien décidée à empêcher cette expérience jugée trop périlleuse.

Qu'importe ! J'embarquai tous les journalistes à bord du remorqueur et nous naviguâmes jusqu'aux abords de Governors Island, une île de la baie sous juridiction fédérale. Ici, la police ne pourrait pas venir nous mettre de bâtons dans les roues !

Mes assistants, Jim Collins et James Vickery, préparèrent la lourde caisse sur une planche disposée par-dessus le bastingage en la lestant avec des poids d'acier. Menotté aux poignets et aux chevilles, on me porta pour que je puisse m'installer à l'intérieur de la boîte.

Je serrai encore quelques mains tendues par les reporters avant que l'on ne cloue le couvercle au-dessus de ma tête. Déjà, j'étais plongé dans le noir le plus complet et j'entendais mes assistants s'affairer à sceller la caisse en l'entourant de cordages.

Recroquevillé dans mon cercueil, je sentis que l'on faisait glisser la caisse et je fus drôlement secoué quand elle atteignit la surface. Plus rapidement que je ne le pensais, l'eau s'infiltra entre les planches et en moins d'une minute, la caisse fut presque totalement remplie. J'inspirai une dernière bouffée d'air avant de m'attaquer à mes liens, pendant que la caisse coulait jusqu'au fond de l'East River. Je repensai alors aux représentations de mon spectacle, au cours de ma dernière tournée dans le nord-est des États-Unis, et un mot s'imposa à moi, tel une évidence…

Quel est le mot-code auquel pense alors Houdini ?

NE TOURNEZ PAS LA PAGE !

Pour pouvoir lire la suite de ce chapitre, vous devez d'abord résoudre l'énigme ci-dessus.

Pour cela, les souvenirs suivants de Harry Houdini vous seront utiles :

☞ **27/11/1906** : Les eaux glacées de la rivière Détroit

☞ **18/03/1910** : Vol au-dessus d'un nid de kangourous

☞ **29/04/1911** : Houdini Upside Down

Je remontai à la surface en moins d'une minute, sous les hourras des journalistes. Lorsque la caisse fut repêchée, toujours parfaitement scellée et entourée de ses cordages, les reporters applaudirent à tout rompre. La presse était conquise, et le lendemain, mon évasion faisait, comme je l'avais escompté, la une des journaux : *«Harry Houdini, évadé des profondeurs»*, *«L'exploit de l'océan»*, *«Houdini défie les fonds marins»*...

Je réitérai plusieurs fois ma prestation dans les mois qui suivirent, à Newport, Atlantic City ou San Francisco, devant un public chaque fois plus nombreux. Plusieurs dizaines de milliers de personnes se massaient le long de la côte pour assister à mon évasion sous-marine, forçant parfois la police à intervenir pour repêcher les malheureux badauds tombés à l'eau, poussés par des mouvements de foule.

Pendant plusieurs années, j'avais défié la mort. Et pourtant, la mort allait bientôt me rattraper…

Un an après mon défi dans l'East River, ma mère Cecilia succomba d'une crise cardiaque.

Alors que le spiritisme connaissait dans le pays une popularité grandissante, de nombreux charlatans me proposèrent d'entrer en contact avec l'esprit de ma mère disparue. Je connaissais par cœur les trucs et supercheries de ces escrocs, aussi je me fixai alors un dernier défi, qui allait occuper la fin de ma carrière : démystifier les médiums.

VOUS POUVEZ POURSUIVRE VOTRE LECTURE AU CHAPITRE SUIVANT :

☞ **23/07/1924** : QUATRIÈME DÉFI : La sorcière de Lime Street

19/07/1913

UN TÉLÉGRAMME BOULEVERSANT

En juillet 1913, je m'étais engagé sur plusieurs semaines pour une nouvelle tournée en Europe, au cours de laquelle je devais notamment donner des représentations devant la famille royale du Danemark à Copenhague, puis le roi de Suède à Stockholm.

Le jour de mon départ, comme nous en avions l'habitude, ma mère Cecilia m'avait accompagné sur les docks avant que je n'embarque sur le transatlantique *Kronprinzessin Cecilie* en direction du vieux continent.

Je détestais ces moments. Je détestais ces au revoir larmoyants sur le quai. Tout simplement car je détestais devoir rester éloigné aussi longtemps de ma mère. Elle était alors âgée de soixante-douze ans et, en guise d'adieu, elle m'avait dit en allemand :

« Ehrich, je ne serai peut-être plus là à ton retour... »

Cela m'avait bouleversé. Je l'avais rassurée et, après de nouvelles embrassades, je lui avais promis de lui ramener cette paire de pantoufles en laine, taille six, qu'elle m'avait demandée.

Pendant mon absence, mon frère Dash avait accepté de veiller sur elle, signant de son côté pour une série de représentations à Asbury Park, dans le New Jersey. Il avait donc emmené notre mère avec lui, sachant qu'elle serait heureuse de pouvoir profiter de quelques jours de vacances au bord de la mer.

Le soir du 19 juillet, à la fin de ma première représentation à Copenhague, un télégramme longue distance de mon frère me parvint. Cecilia était décédée deux jours plus tôt d'une crise cardiaque. Je perdis immédiatement connaissance à la lecture du message.

À mon réveil, j'envoyai un télégramme à Dash, le suppliant d'attendre mon retour pour la cérémonie funéraire. Dans la tradition juive, le corps d'un défunt doit être enterré le plus tôt possible, mais ma famille accéda à ma requête pour que je puisse voir ma mère une dernière fois.

J'étais dévasté. Je n'avais plus la force de continuer. Je quittai précipitamment Copenhague, annulant toutes mes représentations et laissant mon assistant Jim Collins seul sur place, pour tenter de s'occuper de ces engagements rompus. J'appris bien plus tard que le pauvre homme fut incarcéré pendant plusieurs jours : au Danemark, on ne plaisantait pas avec des contrats…

J'étais de retour à New York une semaine plus tard. Dans le cercueil de ma mère, je plaçai la paire de chaussons en laine que j'avais ramenée d'Europe, la dernière chose qu'elle m'avait demandée. Vingt ans plus tôt, j'avais fait une promesse à mon père, sur son lit de mort. J'avais juré que ma mère ne manquerait jamais de rien. Je devais tenir parole, jusqu'au bout.

La vie ne fut plus jamais la même après la disparition de ma mère, et je savais qu'elle ne pourrait plus jamais l'être. Ma mère était ma muse, ma motivation, mon phare dans la nuit. C'était pour elle, et grâce à elle, que j'avais réussi dans la vie.

Pour la première fois de ma carrière, j'arrêtai tous mes spectacles et, tous les jours, je me rendais sur la tombe de ma mère. Si j'essayais de me remettre au travail pour m'éloigner de mon chagrin, la dépression et les pensées suicidaires me rattrapaient aussitôt. Pour la première fois, je songeais à me retirer définitivement du monde de la magie pour mener une retraite paisible et méritée.

Au bout de quelques mois, je trouvai finalement l'envie de me remettre en selle…

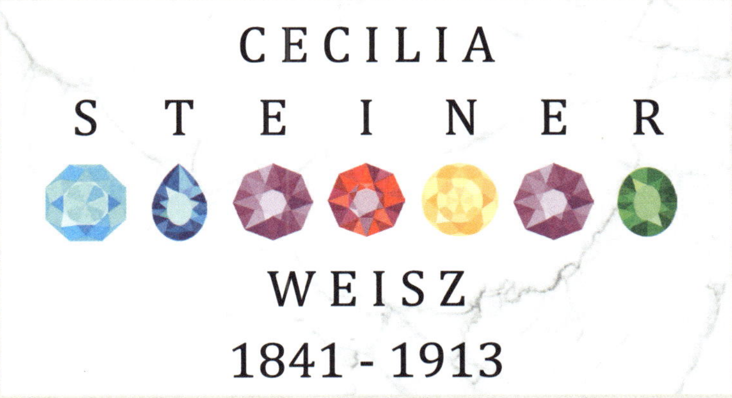

Quel mot-code rend hommage à Cecilia ?

NE TOURNEZ PAS LA PAGE !

Pour pouvoir lire la suite de ce chapitre, vous devez d'abord résoudre l'énigme ci-dessus.

Pour cela, le souvenir suivant de Harry Houdini vous sera utile :

☞ **05/10/1892** : Promesse sur un lit de mort

Si je me décidai à remonter sur les planches, j'optai cependant pour des tours de magie plus légers, loin du danger de mes derniers numéros. Loin de la mort.

Et partout, des spectateurs continuaient de me demander, le plus sérieusement du monde, pourquoi je n'utilisais pas mes talents de magicien pour ramener Cecilia à la vie.

Après tout, j'avais réussi à déjouer la mort des centaines de fois : je m'étais évadé des prisons les plus dangereuses, j'avais risqué l'asphyxie dans des aquariums, j'avais échappé à la noyade dans les eaux gelées des rivières…

Mais je devais m'y résoudre : rien ni personne ne pourrait jamais ressusciter ma mère. J'espérais seulement qu'il pouvait encore exister un moyen de lui parler, une dernière fois…

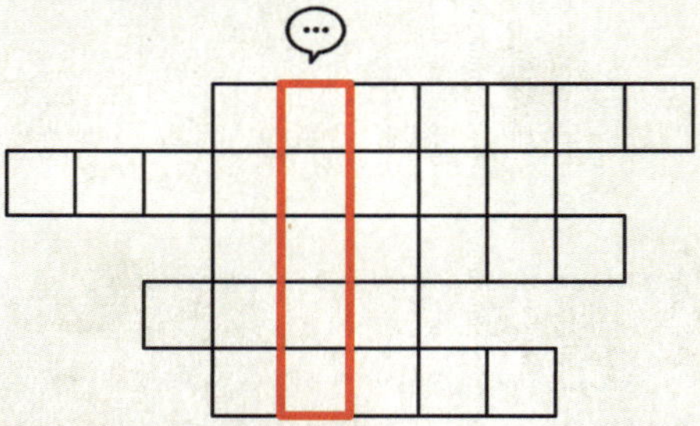

LES INFORMATIONS OBTENUES GRÂCE À CE SOUVENIR VOUS PERMETTRONT DE RÉSOUDRE L'ÉNIGME DU CHAPITRE SUIVANT :

☞ **23/07/1924** : QUATRIÈME DÉFI : La sorcière de Lime Street

13/07/1914

LE PASSE-MURAILLE

Une année entière, déjà, s'était écoulée depuis la mort de ma mère.

Après plusieurs mois de dépression, je m'étais engagé dans une nouvelle tournée en Europe et j'étais revenu à New York pour une série de représentations estivales, au Victoria Theater. J'avais à cette occasion ramené dans mes bagages un nouveau tour sensationnel, que j'avais baptisé «l'homme qui traversait un mur de briques».

Je venais d'avoir quarante ans et j'éprouvais toujours le besoin de me renouveler en offrant au public des numéros inédits et toujours plus spectaculaires. Au cours de la première semaine de représentations au Victoria Theater, j'avais interprété mon célèbre tour de la pagode chinoise de torture, et je choisis donc pour la deuxième semaine de proposer aux spectateurs ce nouveau numéro dont je m'étais, comme à mon habitude, assuré la paternité en l'exécutant au cours d'une pièce de théâtre.

Après plusieurs répétitions, le tour était fin prêt et je savais qu'il laisserait bouche bée le public !

La première représentation eut lieu le 13 juillet, en fin de matinée, sous un soleil caniculaire. Une fois le public installé, je montai sur scène, vêtu d'une simple blouse blanche, pour introduire le numéro, alors que mes assistants faisaient entrer un imposant mur de briques érigé sur un châssis à roulettes et le disposaient en travers de la scène, de sorte que le public puisse voir d'un côté et de l'autre du mur.

« Mesdames et messieurs, j'ai la joie immense de pouvoir vous faire profiter de mon tout nouveau tour ! Le mur que vous voyez

derrière moi mesure quatre mètres de large sur trois mètres de haut et a été construit par certains des maçons les plus compétents de la ville. Comme vous pouvez le noter, nous avons installé sur la scène, sous le mur, un épais tapis, ce qui vous permettra de vous assurer que je n'aurai recours à aucune trappe ou autre dispositif de ce genre. Maintenant, je vais inviter ceux d'entre vous qui le souhaitent à me rejoindre pour inspecter de plus près ce mur, que je vais, croyez-le ou non, traverser devant vos yeux !»

Une dizaine de spectateurs montèrent alors sur scène, cherchant parmi les briques une éventuelle porte dissimulée ou un quelconque signe de fragilité. Afin d'assurer le spectacle, je partis chercher en coulisses un marteau et j'invitai un solide gaillard du public à donner plusieurs coups de masse dans le mur afin d'en démontrer la solidité.

Après cette démonstration, pour le public, traverser ce mur relevait tout bonnement de l'impossible.

Mes assistants disposèrent de part et d'autre du mur des paravents, et je pris place derrière l'un de ces écrans, face au mur. Je levai alors les mains au-dessus du paravent, pour que les spectateurs soient bien certains de ma position, et je prévins le public :

« Mesdames et messieurs, je vous demande le plus grand calme et la plus grande concentration, car ce tour est très rapide ! Soyez attentifs : je suis ici... »

J'agitai une dernière fois les mains au-dessus de l'écran situé sur la gauche du mur.

Moins de trois secondes plus tard, les spectateurs médusés allaient voir mes mains apparaître au-dessus du paravent de droite, ne pouvant qu'accepter l'inconcevable : j'avais traversé un mur de briques !

Alors que je me préparais à exécuter mon tour, je remarquai des chiffres inscrits sur certaines briques face à moi. Je me demandai alors s'il était possible de compléter la grille, tout en faisant en sorte qu'il n'y ait qu'une seule fois le même chiffre sur chaque ligne et chaque colonne, et que les briques contenant deux chiffres aient systématiquement un chiffre pair et un chiffre impair…

Quel mot-code déduire
de ce mur de briques ?

NE TOURNEZ PAS LA PAGE !

Pour pouvoir lire la suite
de ce chapitre, vous devez d'abord
résoudre l'énigme ci-dessus.

« Et me voici maintenant de ce côté ! »

Mes mains dépassaient désormais au-dessus de l'écran situé sur la droite du mur. Mes assistants retirèrent alors les deux paravents, pour confirmer l'impossible : j'étais parvenu à passer au travers du mur de briques !

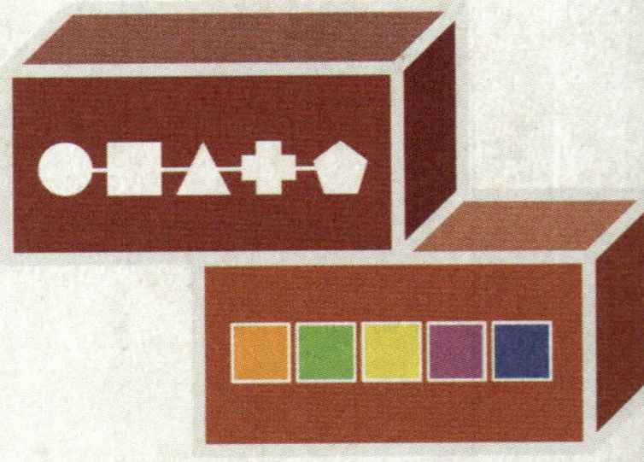

Les spectateurs restèrent sans voix pendant près de deux minutes après l'accomplissement de mon exploit, trop abasourdis pour applaudir…

Certains de mes lecteurs désireront sans doute connaître le secret derrière ce numéro… Même si un tour perd toute sa saveur et sa valeur une fois le truc révélé, je consens exceptionnellement à satisfaire votre curiosité (et j'invite ceux qui souhaiteraient garder le mystère intact à poursuivre leur lecture au paragraphe suivant). Le secret de ce tour, enfantin du fait de sa simplicité, résidait dans le tapis placé sur la scène : si sa présence était supposée écarter l'éventualité d'une trappe, c'est bien de ce mécanisme dont il était question dans mon numéro. À mon signal, une trappe à deux battants s'ouvrait sous la scène, laissant un passage en forme de « V » sous le mur, dans lequel je n'avais qu'à me faufiler…

Un truc rudimentaire, mais qui parvenait à duper le public à chaque fois !

LES INFORMATIONS OBTENUES GRÂCE À CE SOUVENIR VOUS PERMETTRONT DE RÉSOUDRE L'ÉNIGME DU CHAPITRE SUIVANT :

☞ **07/01/1918** : Un éléphant, ça trompe…

07/01/1918

UN ÉLÉPHANT, ÇA TROMPE...

Depuis la mi-I9I7, j'avais accompli, comme tout citoyen américain respectable, mon effort de guerre. À près de quarante-cinq ans, j'étais bien sûr trop vieux pour m'engager dans l'armée et me battre pour ce pays dont j'étais si fier. Mais j'avais annulé pendant plusieurs mois tous mes spectacles pour me rendre auprès des soldats américains, que ce soit pour les divertir avec mes tours ou pour leur apprendre à se libérer des principales paires de menottes utilisées par nos ennemis.

Au début de l'année I9I8, j'avais décidé d'organiser de grandes représentations avec d'autres célébrités du music-hall de l'époque, afin de lever des fonds pour aider à financer les efforts de notre armée. J'avais conclu des accords avec différents théâtres dans le pays, parmi lesquels l'Hippodrome Theatre de New York, la plus grande salle du monde avec plus de cinq mille places et un orchestre d'une centaine de musiciens.

L'Hippodrome abritait même un aquarium de trente mètres de long ainsi que son propre zoo, avec ses singes savants, ses zèbres, ses chevaux… et son éléphant de cinq tonnes ! Il n'en fallait guère plus pour me donner l'idée d'un nouveau numéro spectaculaire, que j'interprétai pour la première fois le soir du 7 janvier devant une salle comble.

« Mesdames et messieurs, je vais vous demander d'accueillir comme il se doit la véritable star de la soirée : Jennie ! »

Lorsque l'éléphant d'Asie entra sur la scène, un ruban rouge à son cou et un bracelet autour d'une de ses chevilles, le public

se leva d'un seul homme et se mit spontanément à applaudir. Jennie, la démarche bedonnante, fit un tour de salle avant de s'approcher de moi et de m'enlacer avec sa trompe. La représentation aurait presque pu s'arrêter là, tant les spectateurs étaient déjà conquis, mais j'avais plus spectaculaire encore à leur proposer : le numéro le plus extraordinaire que l'on puisse imaginer, plus incroyable encore que le tour de « l'homme qui traversait un mur de briques », que j'avais mis au point en 1914 et que j'avais depuis transmis à mon frère Dash.

« Devant vos yeux, ce soir, mesdames et messieurs, je vais faire disparaître un éléphant de cinq tonnes ! »

Sous les acclamations du public, un wagon de cirque fit son entrée sur la scène et mes assistants ouvrirent les portes arrière. Une rampe fut déployée et les techniciens durent s'y mettre à une quinzaine pour parvenir à embarquer Jennie à bord du véhicule. Lorsque l'on referma les portes, les spectateurs pouvaient toujours apercevoir l'éléphant à travers les barreaux des petites fenêtres du wagon.

«Et maintenant, préparez-vous à l'impossible ! Surtout, ne clignez pas des yeux, car cela prendra moins de trois secondes !»

À mon signal, les assistants déployèrent des rideaux tout autour des parois du wagon, alors que le public retenait son souffle. Un court instant plus tard, je claquai des mains et les rideaux tombèrent sur le sol…

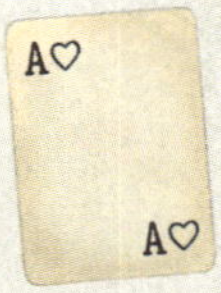

Quel mot-code symbolise la réussite de ce numéro ?

NE TOURNEZ PAS LA PAGE !

Pour pouvoir lire la suite de ce chapitre, vous devez d'abord résoudre l'énigme ci-dessus.

Pour cela, le souvenir suivant de Harry Houdini vous sera utile :
☞ **13/07/1914** : Le passe-muraille

Quand les rideaux retombèrent, la lumière des projecteurs du fond de la scène traversait les fenêtres d'un wagon totalement vide. Il n'y avait pas l'ombre d'un doute : Jennie avait disparu sous les yeux du public !

Le numéro fut un tel succès que je le rejouai sur la scène de l'Hippodrome Theatre de New York pendant près de vingt semaines.

À l'heure où certains magiciens faisaient encore apparaître ou disparaître des pigeons ou des lapins, le grand Houdini, lui, escamotait tous les soirs un éléphant de cinq tonnes devant cinq mille personnes !

BRAVE ●
ATOUT ●

J'avais ainsi ouvert la voie à de nouveaux types de tours de magie. Car ce que j'accomplissais sur scène n'était plus seulement incroyable : c'était tout simplement impossible ! Dans cette quête du spectaculaire, un magicien tenterait certainement un jour de faire disparaître quelque chose de bien plus grand encore…

Qui sait, peut-être même notre statue de la Liberté ?

LES INFORMATIONS OBTENUES GRÂCE À CE SOUVENIR VOUS PERMETTRONT DE RÉSOUDRE L'ÉNIGME DU CHAPITRE SUIVANT :

☞ **31/10/1926** : UN DERNIER DÉFI :

Le challenge de trop

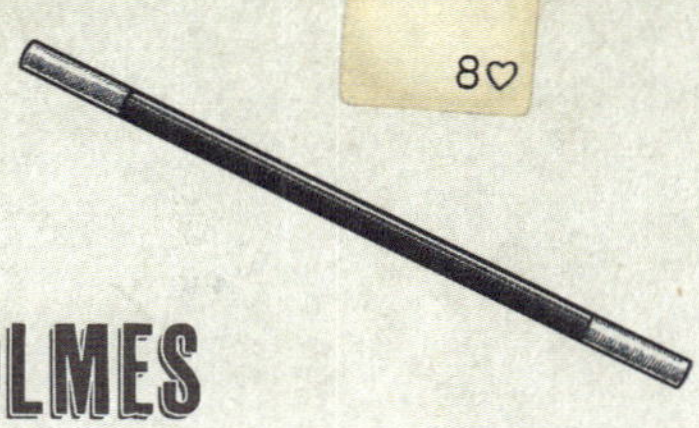

16/06/1922

LE PÈRE DE SHERLOCK HOLMES

En 1922, j'entretenais une relation d'amitié solide et sincère avec sir Arthur Conan Doyle, le créateur de Sherlock Holmes. Nous devinant des affinités évidentes, nous avions commencé à échanger des courriers quelques années plus tôt, puis nous nous rencontrâmes pour la première fois en 1920 lorsque je lui rendis visite à l'occasion d'un spectacle à Londres.

Nous étions deux des plus grandes célébrités de ce début de siècle. J'étais le plus grand illusionniste que la Terre ait connu, et Arthur connaissait depuis près de trente ans un succès indéfectible grâce à ses livres mettant en scène les enquêtes du plus célèbre des détectives.

Notre intérêt commun pour le spiritisme et pour la survivance de l'être après la mort fut le point de départ d'une amitié sincère – et la cause même de la fin de notre relation, quelques années plus tard…

Arthur croyait aux pouvoirs des médiums et était certain qu'il était possible de communiquer avec les morts. Son fils Kingsley était décédé en 1918 des suites de la grippe espagnole et avec sa seconde épouse Jean, spirite reconnue, ils étaient tous deux persuadés de pouvoir entrer en relation avec lui.

Pour ma part, depuis la mort de ma mère, je traquais les médiums frauduleux qui faisaient croire à de pauvres innocents qu'ils pouvaient communiquer avec leurs proches décédés, à grand renfort de tables en lévitation ou de verres se déplaçant sur des abécédaires de bois.

C'était là tout le contraste de notre relation amicale : Arthur, le père du plus rationnel des enquêteurs, était un ardent défenseur du surnaturel, tandis que moi, le magicien qui accomplissait miracles et prodiges aux yeux des foules, ne cher-

chait finalement qu'à démystifier le spiritisme. Et, comble de l'ironie, Arthur restait persuadé que j'avais hérité de réels pouvoirs et que le seul secret de mes tours résidait dans ma maîtrise de la magie, au sens occulte du terme…

En juin 1922, neuf ans après la mort de ma mère, Arthur et sa femme Jean nous invitèrent, Bessie et moi, à les rejoindre pour leurs vacances à Atlantic City. Alors que nous nous promenions sur la plage, Arthur me confia que son épouse avait ressenti que l'âme de ma mère Cecilia cherchait à s'exprimer. Lady Doyle pratiquait l'écriture automatique : assise à son bureau, elle laissait un esprit prendre le contrôle de son corps et communiquer par l'intermédiaire de sa main. Possédée, elle se mettait alors à rédiger spontanément des messages transmis depuis l'au-delà…

J'avais pleine confiance en mon ami Arthur, aussi j'acceptai de me soumettre à l'expérience le soir même. Quand je rejoignis Arthur et Jean dans leur suite à l'hôtel *Ambassador*, elle me donna l'accolade et nous nous assîmes ensemble autour de la table, avant de tous fermer les yeux. Après quelques secondes dans le silence le plus complet, j'entendis Jean se saisir d'un stylo et commencer à écrire. Elle enchaînait les phrases à un rythme effréné, ne s'arrêtant que pour tourner la page avant de poursuivre.

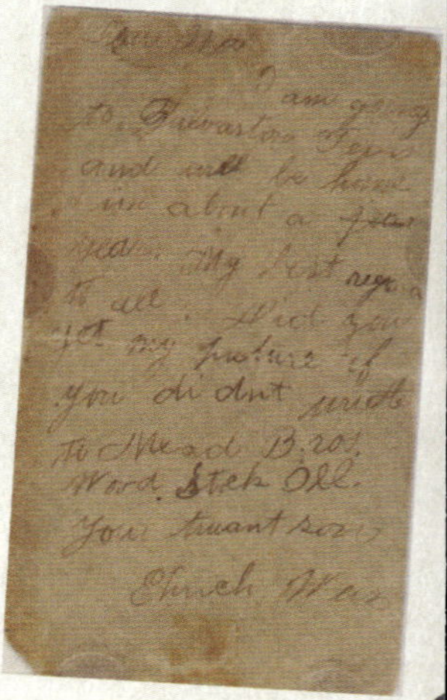

Au bout de plusieurs feuillets d'une écriture serrée, Jean s'arrêta subitement et s'évanouit.

Arthur porta son épouse dans un canapé, où elle reprit progressivement ses esprits. L'écrivain était enthousiasmé, ébloui par les pouvoirs de son épouse. Pour ma part, cette scène m'avait bouleversé…

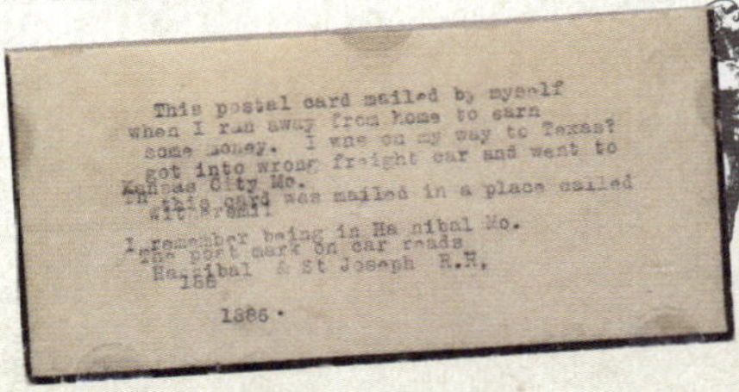
This postal card mailed by myself when I ran away from home to earn some money. I was on my way to Texas? got into wrong freight car and went to Kansas City Mo.
this card was mailed in a place called
I remember being in Hannibal Mo.
the post mark on car reads
Hannibal & St Joseph R.R.
1886.

Alors que je parcourais les premiers paragraphes de cette lettre, dans laquelle ma mère décédée évoquait notre relation et son admiration pour ma carrière, j'eus du mal à retenir mes larmes. Mais pourtant…

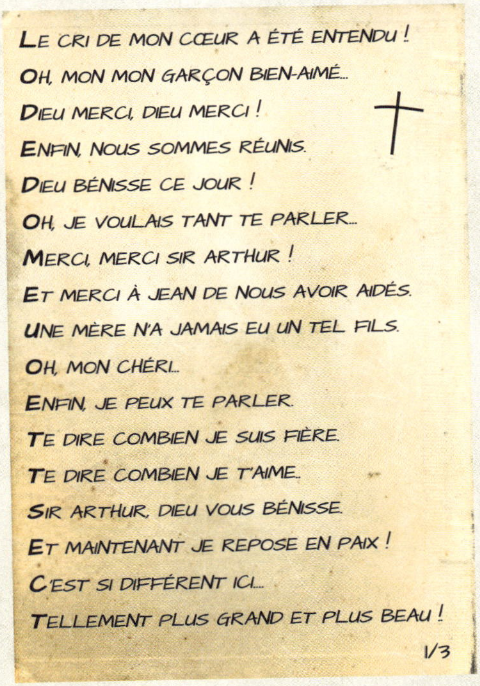

LE CRI DE MON CŒUR A ÉTÉ ENTENDU !
OH, MON MON GARÇON BIEN-AIMÉ…
DIEU MERCI, DIEU MERCI !
ENFIN, NOUS SOMMES RÉUNIS.
DIEU BÉNISSE CE JOUR !
OH, JE VOULAIS TANT TE PARLER…
MERCI, MERCI SIR ARTHUR !
ET MERCI À JEAN DE NOUS AVOIR AIDÉS.
UNE MÈRE N'A JAMAIS EU UN TEL FILS.
OH, MON CHÉRI…
ENFIN, JE PEUX TE PARLER.
TE DIRE COMBIEN JE SUIS FIÈRE.
TE DIRE COMBIEN JE T'AIME.
SIR ARTHUR, DIEU VOUS BÉNISSE.
ET MAINTENANT JE REPOSE EN PAIX !
C'EST SI DIFFÉRENT ICI…
TELLEMENT PLUS GRAND ET PLUS BEAU !

1/3

Quel mot-code se cache dans ce feuillet?

NE TOURNEZ PAS LA PAGE !

Pour pouvoir lire la suite de ce chapitre, vous devez d'abord résoudre l'énigme ci-dessus.

J'étais bouleversé… mais aussi plus sceptique que jamais. Certes, la lettre contenait des informations précises et intimes sur les liens entre ma mère et moi, mais aussi un certain nombre de maladresses étonnantes.

Pourquoi ma mère se serait-elle adressée à moi dans un anglais parfait, une langue qu'elle ne maîtrisait pourtant pas, vu qu'elle s'était toute sa vie exprimée uniquement en allemand ? Pourquoi aurait-elle tracé sur le papier une croix chrétienne, elle, de confession juive, mariée toute sa vie à un rabbin ? Et pourquoi n'avait-elle pas évoqué dans son message la date du jour, le I6 juin, la date même de son anniversaire, que nous avions l'habitude de célébrer ensemble tous les ans ?

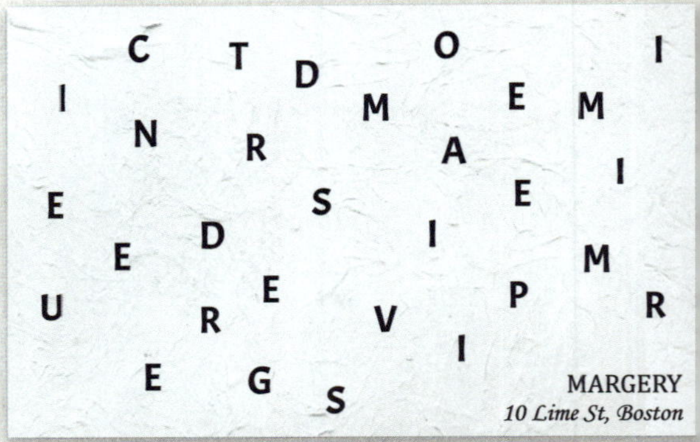

Plus tôt dans l'après-midi, Bessie m'avait prévenu : la veille, lady Doyle l'avait assaillie de questions sur ma mère et sur la relation que j'entretenais avec elle…

J'étais déçu, et en colère.

Quelques semaines plus tard, Arthur osa annoncer à la presse que la séance d'Atlantic City m'avait définitivement converti au spiritisme. Bien au contraire… Cet épisode m'incita encore plus à démystifier les médiums, parmi lesquels la nouvelle spirite préférée d'Arthur : une certaine Mina Crandon, surnommée « Margery »…

LES INFORMATIONS OBTENUES GRÂCE À CE SOUVENIR VOUS PERMETTRONT DE RÉSOUDRE L'ÉNIGME DU CHAPITRE SUIVANT :

☞ **23/07/I924** : QUATRIÈME DÉFI : La sorcière de Lime Street

23/07/1924

QUATRIÈME DÉFI : LA SORCIÈRE DE LIME STREET

Le spiritisme avait toujours exercé sur moi un curieux mélange de fascination et de répulsion.

Depuis plusieurs années, je m'attachais à discréditer l'un après l'autre ces imposteurs de médiums. Étrangement, même si j'avais déjà percé à jour des dizaines de supercheries, je continuais à secrètement m'attacher à l'idée que la vie après la mort puisse exister.

Et, plus que tout, je continuais à entretenir l'espoir de pouvoir rentrer en contact avec ma chère mère Cecilia, disparue onze ans plus tôt. Tout au fond de moi, une part de mon âme souhaitait toujours croire cela possible…

Depuis le début de ce siècle, le spiritisme avait connu un engouement spectaculaire. Son essor coïncidait avec la révolution industrielle et les formidables avancées scientifiques que nous avions connues. Plus les nouvelles technologies bouleversaient nos vies et nous permettaient de comprendre le fonctionnement intime du monde, et plus nous avions le besoin de chercher quelque chose au-delà de tout cela, quelque chose d'irrationnel. Par l'intermédiaire de la magie, ou du spiritisme…

En cette chaude journée de juillet I924, j'avais décidé d'assister à une nouvelle séance de spiritisme dans une petite maison de Boston, sur Lime Street, avec la ferme intention de démontrer une nouvelle supercherie.

Quelques mois plus tôt, j'avais promis la somme colossale de 2 500 dollars à quiconque pouvait établir un contact avec l'au-delà. J'avais déjà démasqué plusieurs charlatans, jusqu'à ce qu'une

certaine Margery ne commence à faire parler d'elle. Cette médium, dont les mérites étaient d'ailleurs vantés par un ami commun, Arthur Conan Doyle, semblait convaincre tous les experts.

Avec trois autres membres du comité scientifique que j'avais formé, nous nous étions donc réunis chez celle que nous surnommions « la Sorcière de Lime Street », afin de tester ses prétendues capacités.

Margery nous accueillit, vêtue d'une simple robe de chambre, de bas de soie et d'une paire de chaussons. Nous prîmes place autour d'une table en bois, dans l'obscurité la plus totale, en nous donnant tous la main, formant un « cercle propice à la communication avec les défunts ».

Et quelques secondes plus tard, le spectacle commença…

Des clochettes se mirent à tinter, des livres tombèrent de la bibliothèque, la table se souleva. Et, paroxysme de la démonstration, un mégaphone posé sur la table au début de la séance pour libérer les voix des esprits se mit à voltiger à travers la pièce.

Les scientifiques que j'avais conviés laissèrent échapper des murmures d'admiration mêlés d'effroi, persuadés d'avoir été témoins d'une intervention surnaturelle. Le grand Houdini, en revanche, n'était pas dupe de ces astuces de bas étage.

Malgré le noir le plus complet, j'avais identifié la technique employée par Margery…

Quel est le mot-code faisant référence à la supercherie de Margery ?

NE TOURNEZ PAS LA PAGE !

Pour pouvoir lire la suite de ce chapitre, vous devez d'abord résoudre l'énigme ci-dessus.

Pour cela, les souvenirs suivants de Harry Houdini vous seront utiles :

☞ **19/07/1913** : Un télégramme bouleversant

☞ **16/06/1922** : Le père de Sherlock Holmes

Dans la semaine qui suivit, je publiai un pamphlet d'une quarantaine de pages, exposant un par un les trucs utilisés par Margery pour simuler une intervention de l'au-delà. J'y expliquais comment, d'un imperceptible mouvement du pied, elle avait appuyé sur un interrupteur sous la table pour faire sonner des clochettes. Comment elle avait simulé une quinte de toux pour lâcher ma main l'espace de quelques secondes et s'emparer dans l'obscurité du mégaphone. Comment, enfin, elle s'était courbée en deux sur sa chaise, soulevant la table à la force de sa nuque pour faire croire à l'intervention d'un esprit…

Comme je m'y attendais, Arthur Conan Doyle prit la défense de sa protégée au moyen d'un article publié dans le *Boston Herald*, vantant à nouveau ses supposés pouvoirs surnaturels… C'en était trop : quelques semaines plus tard, le père de Sherlock Holmes et moi avions définitivement coupé tout contact.

De mon côté, malgré les désillusions successives dues à ces charlatans de spirites, je restais convaincu qu'une vie après la mort pouvait exister… Avec Bessie, nous avions convenu que le premier à mourir chercherait à contacter l'autre. Nous avions mis en place un code, connu de nous seuls, qui permettrait à coup sûr d'authentifier le message.

Et, en vérité, je n'allais plus parvenir à tromper la mort très longtemps…

VOUS POUVEZ POURSUIVRE VOTRE LECTURE AU CHAPITRE SUIVANT :

☞ **31/10/1926** : UN DERNIER DÉFI : Le challenge de trop

22/10/1926

UNE VISITE COUP-DE-POING

L'après-midi du 22 octobre 1926, j'étais allongé sur un sofa dans ma loge au Princess Theatre de Montréal, tentant de trouver un peu de repos avant le spectacle du soir, le plan de la salle de spectacle dans les mains.

Je m'étais brisé la cheville dix jours plus tôt, lors d'une représentation de la pagode chinoise de torture, et les médecins m'avaient conseillé de faire le moins d'efforts possible. Il était toutefois hors de question de mettre en pause cette tournée. Je m'étais engagé pour une série de spectacles à travers le nord-est des États-Unis et le Canada, et je ne souhaitais décevoir ni mon public, ni les directeurs des salles dans lesquelles je devais me produire.

Pourtant, au fond de moi, j'étais éreinté. Physiquement et moralement.

Après tout, j'avais déjà cinquante-deux ans et je continuais à travailler sans relâche, enchaînant les tournées, multipliant les projets, me consacrant comme à mon habitude à plusieurs dizaines d'activités à la fois : je jouais devant des salles combles, j'inventais de nouveaux tours, je m'entraînais tous les jours pour rester au sommet de ma forme physique, j'écrivais des livres, je présidais la société des magiciens américains…

Et si, en fait, j'étais simplement devenu trop vieux pour tout cela ?

Pour autant, je n'avais nullement envie de m'arrêter !

Alors que je commençais à m'assoupir dans le canapé, un de mes assistants m'annonça que trois étudiants de l'université locale souhaitaient me rencontrer, pour un entretien à paraître dans les colonnes

de leur journal. Voyant dans cette entrevue une possibilité de publicité gratuite pour mes prochains spectacles, j'acceptai volontiers malgré mon état de fatigue.

Le plus âgé des trois étudiants, qui devait mesurer près de deux mètres, monopolisa d'emblée la conversation, s'enquérant pour commencer de mon opinion sur les miracles décrits dans la Bible. J'éludai la question, et le jeune homme changea aussitôt de sujet :

« Et est-il vrai, monsieur Houdini, que vous êtes capable de résister aux coups de poing les plus durs portés au ventre ? »

Il est exact que, durant mes spectacles, je proposais parfois aux membres du public de me frapper à l'estomac aussi fort qu'ils le pouvaient. Je savais qu'avec mon entraînement et en contractant parfaitement mes muscles, aucun coup ne pourrait réellement s'avérer douloureux.

Le jeune homme enchaîna aussitôt, sans attendre de réponse de ma part :

« Est-ce que vous accepteriez de relever ce défi avec moi, monsieur Houdini ? Est-ce que vous voudriez bien que je vous donne quelques coups à l'estomac, pour voir ? »

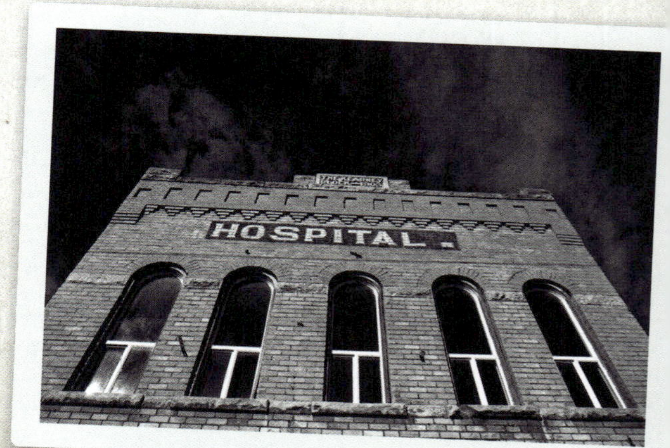

J'étais pris au piège. Je ne pouvais évidemment pas refuser le défi : la notoriété du grand Houdini en dépendait !

Alors que je tentais de me redresser du canapé malgré ma cheville fragile, l'étudiant

commença à m'asséner plusieurs violents coups de poing à l'abdomen, sans avoir pris la peine d'attendre que je sois prêt et que je contracte mes muscles.

Je tombai à la renverse dans le sofa, tandis que l'étudiant continuait à me frapper au ventre. La douleur devenait insupportable, aussi je le priai d'un geste de la main d'arrêter. Avant de m'évanouir, mon regard se posa sur le plan de salle pour la représentation du soir, tombé à terre pendant l'assaut…

Consignes du directeur du théâtre

Il reste 20 fauteuils vides pour la représentation de ce soir.

Il y a toujours exactement 2 sièges vides par rangée, colonne et zone de la salle.

Il n'y a jamais 2 sièges vides adjacents, même en diagonale.

Quel mot-code est désigné par certains des fauteuils vides ?

NE TOURNEZ PAS LA PAGE !

Pour pouvoir lire la suite de ce chapitre, vous devez d'abord résoudre l'énigme ci-dessus.

Le soir même et le suivant, malgré une douleur extrême à l'estomac, je donnai les représentations prévues au Princess Theatre de Montréal.

Je ne parlai à personne de l'incident ni de mon état de santé, pas même à Bessie. Surtout pas à Bessie. De toute ma vie, je n'avais jamais admis la moindre faiblesse devant elle.

J'étais presque incapable de marcher à cause de la douleur et, depuis le train à destination de Détroit où je devais me produire le lendemain, un de mes assistants envoya un télégramme demandant qu'un docteur m'attende à mon arrivée. Mais, en dépit des préconisations du médecin, je continuai mes spectacles, refusant que l'on me conduise à l'hôpital.

Le 25 octobre, malgré plus de 4I °C de fièvre et de sévères tremblements, je décidai d'assurer la représentation. En sortant de scène après la deuxième partie, je m'évanouis aussitôt. On me conduisit directement au Grace Hospital de Détroit, pour une opération de dernière chance, mais je savais que mon destin était déjà scellé…

DEUIL ○○○○

ADIEU ●○○

R♡ R♡

LES INFORMATIONS OBTENUES GRÂCE À CE SOUVENIR VOUS PERMETTRONT DE RÉSOUDRE L'ÉNIGME DU CHAPITRE SUIVANT :

☞ **3I/I0/I926** : UN DERNIER DÉFI : Le challenge de trop

31/10/1926

UN DERNIER DÉFI : LE CHALLENGE DE TROP

Ce 31 octobre 1926, soir d'Halloween, j'étais allongé sur un lit d'hôpital, dans la chambre 401 du Grace Hospital de Détroit.

Je luttais contre la mort depuis plus de six jours, maintenant. Je me sentais faible, épuisé, terrassé par la douleur. Les médecins m'avaient opéré en urgence à mon arrivée, il y a une semaine, et avaient diagnostiqué une rupture de l'appendice, consécutive à cette série de coups de poing reçus en plein estomac dix jours plus tôt, alors que j'avais relevé mon ultime défi, celui qui allait bientôt m'être fatal. Le challenge de trop.

Chaque jour, les journaux faisaient les gros titres sur mon état de santé : *« Houdini se bat contre la mort », « Houdini en pleine rémission », « Une nuit paisible pour Houdini », « Houdini, bientôt tiré d'affaires ? ».*

La réalité était bien moins réjouissante. Les médecins m'avaient fait comprendre que je n'avais plus guère d'espoir. J'allais bientôt mourir.

Dans ces ultimes heures, avec Dash et Bessie à mes côtés, je ne pouvais m'empêcher de repenser à ces dernières années, malgré la lente agonie qui me rongeait.

Je songeais notamment à mes tentatives pour percer dans le monde du cinéma. En l'espace de quelques films, j'avais été agent secret, aventurier, détective… Je mettais en scène mes évasions les plus célèbres dans des courts et longs-métrages, et j'avais même créé ma propre maison de production, la *Houdini Picture Corporation*, pour produire des films toujours plus impressionnants.

Aujourd'hui, sur mon lit de mort, je réalisais pourquoi j'avais voulu percer dans ce milieu : pour laisser une trace de plus dans l'histoire. Pour que, longtemps après ma disparition, le public puisse se souvenir de moi à travers mes exploits sur pellicules.

Mais les films étaient loin de rencontrer le même succès que mes spectacles et j'avais finalement perdu beaucoup d'argent au cours de cette incartade dans le monde du cinéma. La raison de cet échec était simple : le public n'était pas dupe et savait pertinemment que le héros de ces films allait à chaque fois s'en sortir. Les spectateurs préféraient toujours assister à mes tours en direct, dans une salle de spectacle plutôt que dans un cinéma. Ils préféraient frissonner en me regardant échapper à la mort ou réaliser de prodigieux exploits sur la scène d'un théâtre.

C'est pourquoi, en parallèle de mes incursions au cinéma ou de mes travaux pour démystifier les médiums, j'avais toujours continué les spectacles, tentant à chaque fois de me renouveler. Si j'interprétais encore parfois ces dangereux tours qui m'avaient rendu célèbre, je choisissais aussi de m'essayer à des numéros plus légers et moins risqués. De la « véritable » magie, celle qui m'avait fait rêver quand j'étais enfant, en lieu et place de ces tours d'escapologie dont je commençais à me lasser. Et quoi de plus extraordinaire, par exemple, que de faire disparaître un éléphant de plusieurs tonnes devant cinq mille personnes ?

Toute ma vie, j'avais conservé cette envie irrépressible de proposer de nouveaux tours, à chaque fois plus impressionnants, et de découvrir de nouveaux horizons.

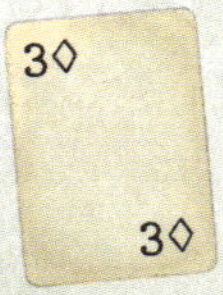

Je ne craignais pas la mort. J'étais simplement rongé par le chagrin en pensant à toutes ces voies que je ne pourrais jamais explorer et tous ces défis que je ne pourrais plus relever…

● = une lettre bien placée dans le mot-code

○ = une lettre présente dans le mot-code, mais mal placée

F U T U R ✕

Quel est le mot-code auquel pense Houdini sur son lit de mort?

NE TOURNEZ PAS LA PAGE !

Pour pouvoir lire la suite de ce chapitre, vous devez d'abord résoudre l'énigme ci-dessus.

Pour cela, les souvenirs suivants de Harry Houdini vous seront utiles :

☞ **07/01/1918** : Un éléphant, ça trompe…

☞ **22/10/1926** : Une visite coup-de-poing

Enfermé dans une caisse plongée au fond d'une rivière, suspendu par les pieds dans une camisole ou emprisonné dans un fourgon en partance pour la Sibérie, j'étais tout simplement invincible.

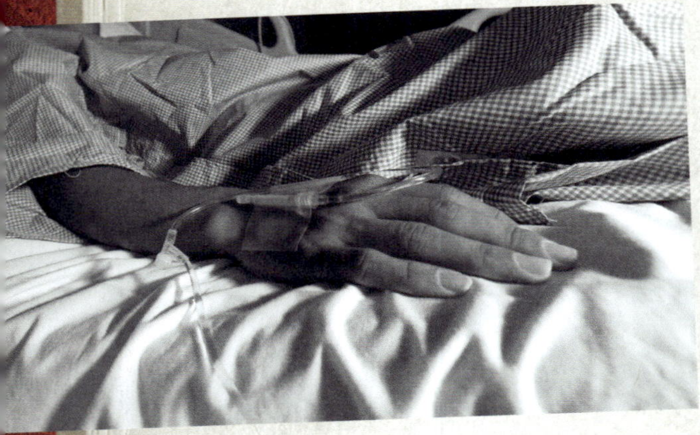

Car j'étais le grand Houdini, le maître des menottes, le roi de l'évasion.

Mais dans cette chambre d'hôpital, en ce soir d'Halloween, je n'étais qu'un homme de cinquante-deux ans agonisant sur son lit de mort.

Au cours de ma carrière, je m'étais démené pour connaître le succès, puis pour rester au sommet. Je l'avais fait pour moi, pour ma mère et pour ma famille. Pour y parvenir, j'avais tout au long de ma vie relevé bien des défis, et à chaque fois, je m'étais battu pour y arriver.

Pourtant, aujourd'hui, je le sentais : je n'avais plus la force de me battre…

C'était donc acté : Ehrich Weisz allait devoir s'en aller, ce soir, pour rejoindre sa tendre mère Cecilia.

Mais le grand Houdini, lui, vivrait éternellement !

BRAVO ! VOUS VOILÀ ARRIVÉ AU TERME DU JOURNAL SECRET DE HARRY HOUDINI !

☞ Vous pouvez consulter l'épilogue p. 122.

Épilogue

ÉPILOGUE

Plus de deux mille personnes se rassemblèrent pour l'enterrement de Harry Houdini, le 4 novembre 1926. Un cortège de cinquante voitures accompagna le magicien pour son dernier voyage, depuis Manhattan jusqu'au cimetière du Queens, où il fut inhumé aux côtés de sa mère Cecilia.

Le grand Houdini, *the King of Cards*, s'était éteint à l'âge de cinquante-deux ans. Le nombre exact de cartes dans un jeu…

Pour la plupart de ses confrères magiciens qui assistèrent à l'enterrement, il n'y avait aucun doute : Houdini, en parfait escapologiste toujours prêt à disparaître du moindre coffre, s'était déjà forcément échappé de son cercueil !

Après la mort de son mari, Bess participa pendant une dizaine d'années à des séances de spiritisme, chaque soir d'Halloween, pour tenter de rentrer en contact avec Houdini en utilisant le code qu'ils avaient secrètement inventé, comme ils se l'étaient promis.

Elle abandonna définitivement en 1936 : « Dix ans, c'est plus de temps qu'il n'en faut, quel que soit l'homme à attendre. »

Houdini fit en sorte que ses tours puissent survivre à son décès : il légua l'ensemble de ses numéros à son frère Theodore, qui le méritait plus que quiconque.

Depuis près de cent ans, des magiciens se sont inspirés de ses tours les plus spectaculaires (en 1983, en direct devant des millions de téléspectateurs, David Copperfield parvint à faire disparaître

la statue de la Liberté). Des numéros mis au point par celui qui fut le plus grand magicien et le plus grand showman au monde, ainsi qu'il se plaisait à s'en vanter.

Pour autant, ne prenez pas pour argent comptant tout ce que Houdini vous a raconté dans son journal secret. Plus d'une fois, sans même que vous vous en rendiez forcément compte, il vous a menti. Dès ses premiers mots, par exemple, le célèbre magicien vous a volontairement trompé : Houdini n'est pas né aux États-Unis en 1874, mais bien à Budapest. Il n'a en réalité émigré en Amérique qu'à l'âge de quatre ans.

Alors, pourquoi ce mensonge ?

Sans doute, dans l'esprit de l'illusionniste, Ehrich Weisz était-il effectivement né en Hongrie, alors que Houdini, lui, avait réellement pris naissance aux États-Unis…

Car, en parfait magicien, le grand Houdini avait passé sa vie entière à garder une frontière floue et subtile entre le mensonge et la vérité.

Entre l'illusion et la réalité…

Validation

	I5/03/I885	2I/06/I890	02/04/I89I	03/II/I89I	05/I0/I892	I0/09/I893	22/06/I894	3I/0I/I899	I3/07/I899	30/05/I900	I4/06/I900	I0/05/I903	I2/03/I904
Bleue	▼	▼	▼	▼	▼	▼	▼	▼	▼	▼	▼	▼	▼
Clown	▼	▼	▼	▼	▼	▼	▼	▼	▼	▼	▼	▼	▼
Craig	▼	♠	▼	▼	▼	▼	▼	▼	▼	▼	▼	▼	▼
Défis	▼	▼	▼	▼	▼	▼	▼	▼	▼	▼	▼	▼	▼
Doigt	▼	▼	▼	♠	▼	▼	▼	▼	▼	▼	▼	▼	▼
Doute	▼	▼	▼	▼	▼	▼	▼	▼	▼	▼	▼	▼	▼
Force	▼	▼	▼	▼	▼	▼	▼	▼	▼	▼	▼	▼	▼
Foule	▼	▼	▼	▼	▼	▼	▼	▼	♠	▼	▼	▼	▼
Fuite	▼	▼	▼	▼	▼	▼	▼	▼	▼	▼	▼	♠	▼
Hardy	▼	▼	▼	▼	▼	▼	▼	▼	▼	▼	▼	▼	▼
Hello	▼	▼	▼	▼	▼	▼	▼	▼	▼	▼	▼	▼	▼
Héros	▼	▼	▼	▼	▼	▼	▼	▼	▼	▼	▼	▼	▼
Idole	▼	▼	▼	▼	▼	▼	▼	▼	▼	▼	▼	▼	▼
Inouï	▼	▼	▼	▼	▼	▼	▼	▼	▼	▼	▼	▼	▼
Jouer	▼	▼	▼	▼	▼	▼	▼	▼	▼	▼	▼	▼	♠
Lapin	▼	▼	▼	▼	▼	▼	♠	▼	▼	▼	▼	▼	▼
Libre	♠	▼	▼	▼	▼	▼	▼	▼	▼	▼	▼	▼	▼
Magie	▼	▼	♠	▼	▼	▼	▼	▼	▼	▼	▼	▼	▼
Marks	▼	▼	▼	▼	▼	▼	▼	▼	▼	▼	▼	▼	▼
Mauve	▼	▼	▼	▼	▼	▼	▼	▼	▼	▼	▼	▼	▼
Nœud	▼	▼	▼	▼	▼	♠	▼	▼	▼	▼	▼	▼	▼
Noire	▼	▼	▼	▼	▼	▼	▼	▼	▼	▼	▼	▼	▼
Océan	▼	▼	▼	▼	▼	▼	▼	▼	▼	♠	▼	▼	▼
Péril	▼	▼	▼	▼	▼	▼	▼	▼	▼	▼	▼	▼	▼
Piège	▼	▼	▼	▼	▼	▼	▼	▼	▼	▼	▼	▼	▼
Pouce	▼	▼	▼	▼	▼	▼	▼	▼	▼	▼	♠	▼	▼
Reine	▼	▼	▼	▼	▼	▼	▼	▼	▼	▼	▼	▼	▼
Rouge	▼	▼	▼	▼	▼	▼	▼	▼	▼	▼	▼	▼	▼
Rubis	▼	▼	▼	▼	♠	▼	▼	▼	▼	▼	▼	▼	▼
Tours	▼	▼	▼	▼	▼	▼	▼	♠	▼	▼	▼	▼	▼
Vents	▼	▼	▼	▼	▼	▼	▼	▼	▼	▼	▼	▼	▼
Verte	▼	▼	▼	▼	▼	▼	▼	▼	▼	▼	▼	▼	▼
Woods	▼	▼	▼	▼	▼	▼	▼	▼	▼	▼	▼	▼	▼

	I7/03/I904	27/II/I906	25/0I/I908	I8/03/I9I0	29/04/I9II	07/07/I9I2	I9/07/I9I3	I3/07/I9I4	07/0I/I9I8	I6/06/I922	23/07/I924	22/I0/I926	3I/I0/I926
Bleue	♥	♥	♥	♥	♥	♥	♥	♥	♥	♥	♥	♥	♥
Clown	♥	♥	♥	♥	♥	♥	♥	♥	♠	♥	♥	♥	♥
Craig	♥	♥	♥	♥	♥	♥	♥	♥	♥	♥	♥	♥	♥
Défis	♥	♥	♥	♥	♥	♠	♥	♥	♥	♥	♥	♥	♥
Doigt	♥	♥	♥	♥	♥	♥	♥	♥	♥	♥	♥	♥	♥
Doute	♥	♥	♥	♥	♥	♥	♥	♥	♥	♠	♥	♥	♥
Force	♥	♥	♥	♥	♥	♥	♥	♥	♥	♥	♥	♠	♥
Foule	♥	♥	♥	♥	♥	♥	♥	♥	♥	♥	♥	♥	♥
Fuite	♥	♥	♥	♥	♥	♥	♥	♥	♥	♥	♥	♥	♥
Hardy	♥	♥	♥	♥	♥	♥	♥	♥	♥	♥	♥	♥	♥
Hello	♥	♥	♥	♥	♠	♥	♥	♥	♥	♥	♥	♥	♥
Héros	♠	♥	♥	♥	♥	♥	♥	♥	♥	♥	♥	♥	♥
Idole	♥	♥	♥	♥	♥	♥	♥	♥	♥	♥	♥	♥	♠
Inouï	♥	♥	♥	♥	♥	♥	♥	♠	♥	♥	♥	♥	♥
Jouer	♥	♥	♥	♥	♥	♥	♥	♥	♥	♥	♥	♥	♥
Lapin	♥	♥	♥	♥	♥	♥	♥	♥	♥	♥	♥	♥	♥
Libre	♥	♥	♥	♥	♥	♥	♥	♥	♥	♥	♥	♥	♥
Magie	♥	♥	♥	♥	♥	♥	♥	♥	♥	♥	♥	♥	♥
Marks	♥	♥	♥	♥	♥	♥	♥	♥	♥	♥	♥	♥	♥
Mauve	♥	♥	♥	♥	♥	♥	♥	♥	♥	♥	♥	♥	♥
Nœud	♥	♥	♥	♥	♥	♥	♥	♥	♥	♥	♥	♥	♥
Noire	♥	♥	♥	♥	♥	♥	♥	♥	♥	♥	♥	♥	♥
Océan	♥	♥	♥	♥	♥	♥	♥	♥	♥	♥	♥	♥	♥
Péril	♥	♠	♥	♥	♥	♥	♥	♥	♥	♥	♥	♥	♥
Piège	♥	♥	♥	♥	♥	♥	♥	♥	♥	♥	♠	♥	♥
Pouce	♥	♥	♥	♥	♥	♥	♥	♥	♥	♥	♥	♥	♥
Reine	♥	♥	♥	♥	♥	♥	♠	♥	♥	♥	♥	♥	♥
Rouge	♥	♥	♠	♥	♥	♥	♥	♥	♥	♥	♥	♥	♥
Rubis	♥	♥	♥	♥	♥	♥	♥	♥	♥	♥	♥	♥	♥
Tours	♥	♥	♥	♥	♥	♥	♥	♥	♥	♥	♥	♥	♥
Vents	♥	♥	♥	♠	♥	♥	♥	♥	♥	♥	♥	♥	♥
Verte	♥	♥	♥	♥	♥	♥	♥	♥	♥	♥	♥	♥	♥
Woods	♥	♥	♥	♥	♥	♥	♥	♥	♥	♥	♥	♥	♥

Indices

☞ 15/03/1885

En observant le tracé permettant de traverser le labyrinthe, vous devriez pouvoir identifier des lettres.

☞ 21/06/1890

Pour résoudre l'énigme, aidez-vous d'une grille de ce type, et reportez-y méthodiquement chacun des indices :

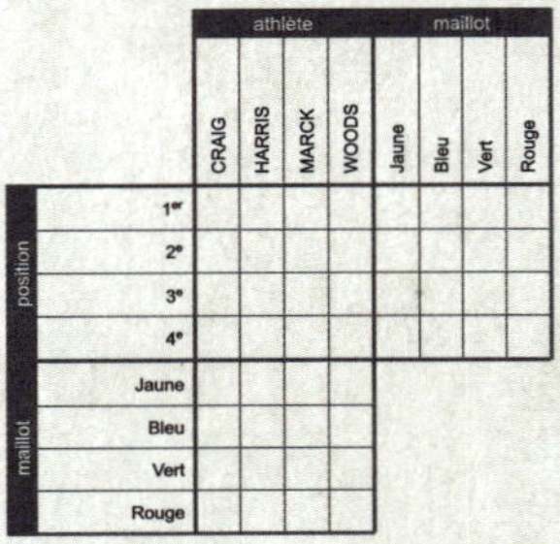

☞ 02/04/1891

Inutile de chercher trop loin : épelez simplement votre alphabet en vous laissant guider par les flèches !

☞ 03/11/1891

Commencez par compléter la grille avec les bonnes cartes, puis intéressez-vous aux indications chiffrées des cinq cartes vertes. En retenant à chaque fois la bonne lettre parmi les noms des figures correspondantes, répertoriés dans le livre de Robert-Houdin (souvenir du 02/04/1891), vous devriez pouvoir former le mot-code.

☞ 05/10/1892

Intéressez-vous à l'intersection des symboles gravés sur le bas de la pierre tombale…

☞ 10/09/1893

Si nécessaire, n'hésitez pas à vous aider d'un lacet pour reproduire les entrelacements de corde et à tester par vous-même !

☞ 22/06/1894

Dans l'incantation prononcée par Dash, chaque voyelle représente un point et chaque consonne représente un tiret dans le code Morse (souvenir du 10/09/1893).

☞ 31/01/1899

En superposant les formes de deux passe-partout, il est possible de reproduire le schéma exact de la serrure des menottes. Il ne vous reste alors plus qu'à « additionner » les noms des deux clés…

☞ 13/07/1899

Une fois les énigmes des trois souvenirs résolues, tentez de mettre en commun les boules de billard en ivoire (qui vous donnent une correspondance entre un chiffre et une couleur), les passe-partout de Bessie et la suite de chiffres sous la signature de Beck sur le télégramme.

☞ 30/05/1900

Commencez par les lignes et les colonnes sur lesquelles il n'y a aucune portion de navire, ou une seule, déjà occupée. Cela vous permettra d'éliminer un certain nombre de cases. N'oubliez pas également que toutes les cases situées autour de navires identifiés sont forcément vides, compte tenu des distances minimales entre deux bateaux.

☞ 14/06/1900

Tentez d'isoler des zones bien précises sur le plan des environs de l'Alhambra Theatre, en fonction des coordonnées indiquées sur les menottes…

☞ 10/05/1903

Pour vous aider, voici une partie du trait de découpe :

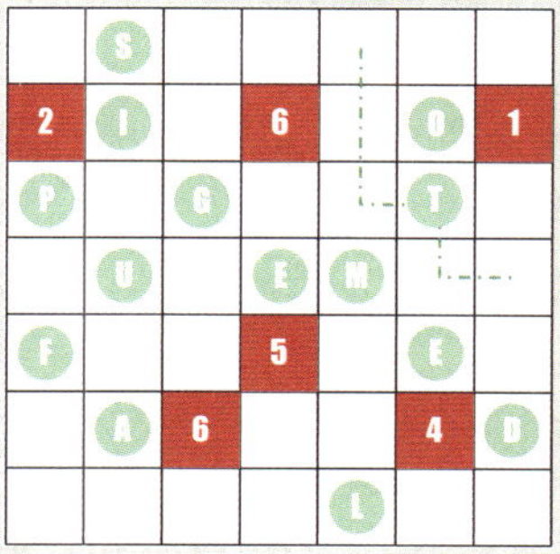

☞ 12/03/1904

Après avoir trouvé le billet de spectacle, prenez de la distance pour voir des lettres se former parmi la trame de fond du ticket.

☞ 17/03/1904

Après avoir déchiffré les techniques de crochetage apprises par Houdini, appliquez-les méthodiquement sur les menottes du *Mirror* : cela devrait vous permettre de tracer des lettres sur le schéma.

☞ 27/11/1906

Les premières cases traversées par Houdini sont les suivantes :

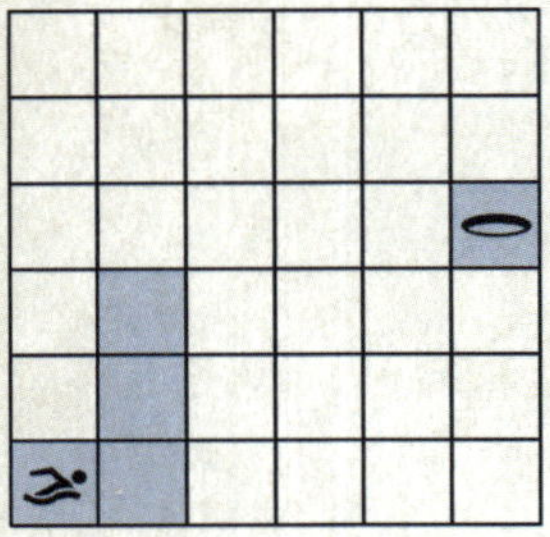

Une fois la trajectoire identifiée, reportez sur la grille les lettres de la grille de mots-croisés du journal pour former le mot-code.

☞ 25/01/1908

C'est la serrure verte qui fait face à la serrure jaune :

☞ 18/03/1910

Au début de son exploit, Houdini survole les parcelles suivantes :

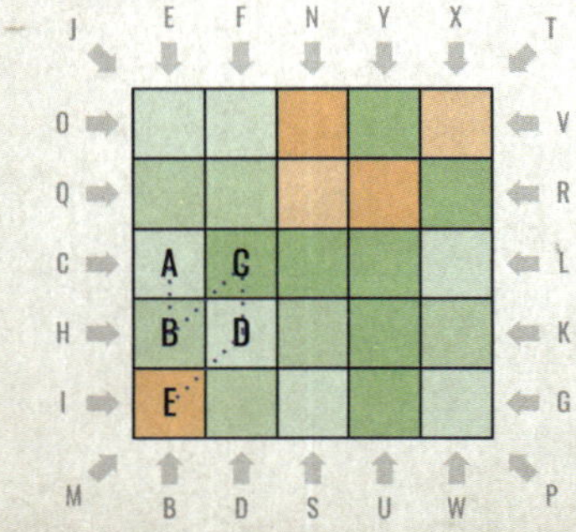

☞ 29/04/1911

Commencez par résoudre le Sudoku qui figure sur le poster du « pot à lait miraculeux » puis remplacez chacun des symboles de l'affiche annonçant la représentation de *Houdini Upside Down* par le chiffre correspondant. Et surtout, n'oubliez pas que Houdini a la tête à l'envers pendant ce numéro…

☞ 07/07/1912

Pour chacun des assistants de Harry Houdini, tentez d'inventorier ses jours de travail sur un seul et même calendrier…

☞ 19/07/1913

Pour vous aider, voici la position d'une pierre précieuse supplémentaire :

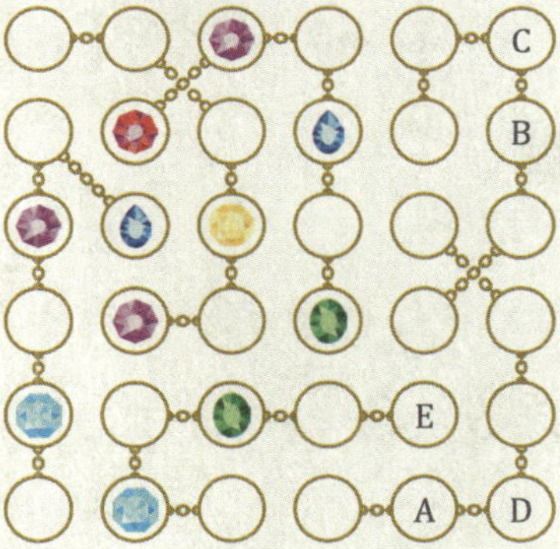

☞ 13/07/1914

Une fois la grille complétée (pensez à bien respecter les consignes : chaque chiffre entre 1 et 8 n'apparaît qu'une fois sur chaque ligne et chaque colonne, et un chiffre pair figure toujours à côté d'un chiffre impair sur les briques contenant deux chiffres), les chiffres situés sur des cibles vous livreront les lettres du mot-code.

☞ 07/01/1918

Les symboles sur le wagon doivent être reliés dans le bon ordre, couleur par couleur, pour former des lettres.

☞ 16/06/1922

La pagination en bas à droite et les lettres capitales ont une importance toute particulière.

☞ 23/07/1924

Mettez en relation les deux faces de la carte de visite de Margery. Les lettres correspondant à des crânes de même couleur devraient vous permettre de former des mots…

☞ 22/10/1926

Voici déjà la position d'un certain nombre de sièges vides :

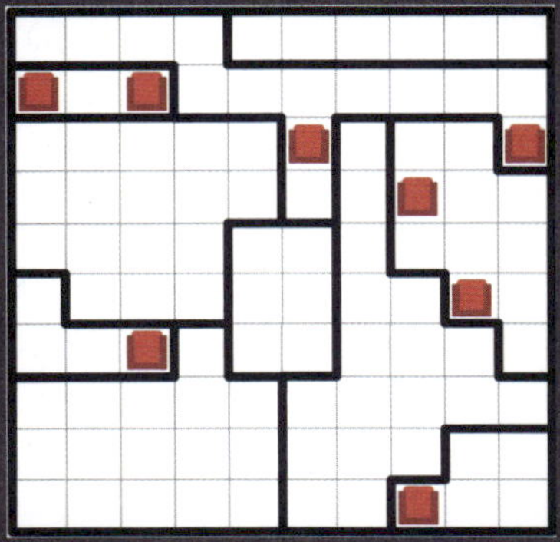

☞ 31/10/1926

Sachant que FUTUR ne contient aucune lettre du mot-code et que DEUIL en comporte quatre, vous devriez pouvoir déjà identifier quatre lettres de la solution. Comparez ensuite les autres propositions pour découvrir la cinquième lettre du mot attendu.

Solutions

4♣
4♣

☞ 15/03/1885

Une fois le labyrinthe résolu, le mot-code LIBRE apparaît.

☞ 21/06/1890

En vous appuyant sur les différentes indications, vous devriez aboutir aux déductions suivantes : C'est donc CRAIG qui portait un maillot bleu.

		athlète				maillot			
		CRAIG	HARRIS	MARCK	WOODS	Jaune	Bleu	Vert	Rouge
position	1er	✗	✓	✗	✗	✓	✗	✗	✗
	2e	✓	✗	✗	✗	✗	✓	✗	✗
	3e	✗	✗	✓	✗	✗	✗	✓	✗
	4e	✗	✗	✗	✓	✗	✗	✗	✓
maillot	Jaune	✗	✓	✗	✗				
	Bleu	✓	✗	✗	✗				
	Vert	✗	✗	✓	✗				
	Rouge	✗	✗	✗	✓				

☞ 02/04/1891

En prenant comme point de départ le cercle jaune et en écrivant une lettre dans chaque cercle en suivant tout simplement l'ordre alphabétique, on forme le mot MAGIE.

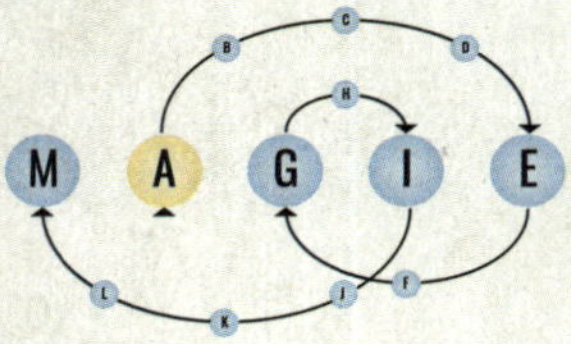

☞ 03/11/1891

La seule façon de compléter la grille en respectant les règles du défi est la suivante :

Chacune des cartes vertes correspond à une lettre dans le mot-code à trouver : le premier chiffre indique sa position dans le mot-code et le second, le numéro de la lettre à utiliser dans le nom de la figure correspondante :

- R♠ ⟶ D (5e lettre de DAVID)
- V♦ ⟶ O (5e lettre de HECTOR)

1) 5e R♠	3) 4e D♣	A♥	2) 5e V♦
V♣	A♠	D♦	R♥
A♦	V♥	R♣	D♠
5) 5e D♥	R♦	4) 2e V♠	A♣

- D♣ → I (4e lettre de ARGINE)
- V♠ → G (2e lettre de OGIER)
- D♥ → T (5e lettre de JUDITH)

Le mot-code est donc DOIGT.

☞ 05/10/1892

Pour chacun des groupes de signes gravés au bas de la pierre tombale, en reliant deux à deux les symboles concernés, on isole à chaque fois une lettre. Par exemple, le premier groupe de signes correspond à la lettre R :

Le mot-code ainsi formé est RUBIS.

☞ 10/09/1893

Les cordes qui ne forment pas de nœud sont les suivantes :

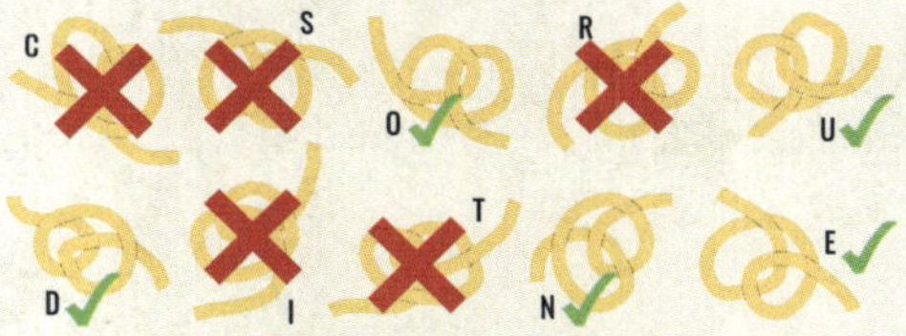

Les lettres correspondantes permettent de former le mot NŒUD.

☞ 22/06/1894

Dans l'incantation prononcée par Dash, en remplaçant chaque voyelle par un point et chaque consonne par un tiret, on obtient le code Morse suivant et la traduction correspondante :

ELIA	EX	AMPO	EA	TO
.-..	.-	.--.	..	-.
L	A	P	I	N

Le mot-code est donc LAPIN.

☞ 31/01/1899

Les deux passe-partout à superposer pour former le contour exact de la serrure des menottes sont les suivants :

En additionnant les noms des deux clés, lettre par lettre, en tenant compte de leur rang respectif dans l'alphabet (A = I, B = 2…), on obtient le mot-code TOURS.

☞ 13/07/1899

En se basant sur la succession de chiffres sur le télégramme de Martin Beck (souvenir du 3I/0I/I899) et en associant à chaque chiffre une couleur en fonction des boules de billard (souvenir du 03/II/I89I), les passe-partout (souvenir du 22/06/I894) alignés côte à côte permettent de former le mot FOULE.

☞ 30/05/1900

La seule disposition possible pour les bateaux est la suivante :

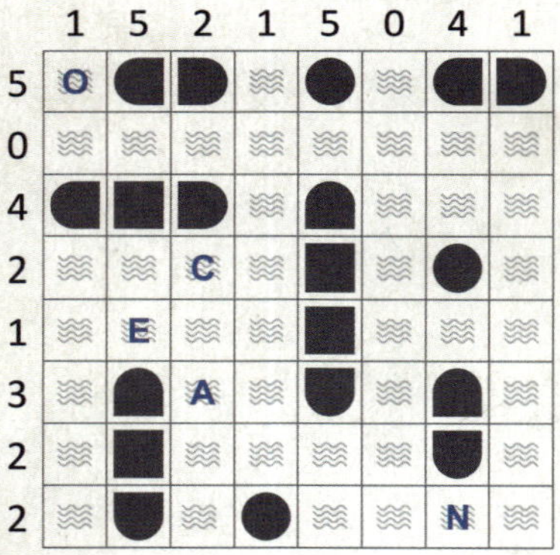

Les balises qui restent visibles forment le mot OCÉAN.

☞ 14/06/1900

Chacune des coordonnées inscrites sur les menottes de Scotland Yard permet d'isoler une zone du plan des environs de l'Alhambra Theatre correspondant à une lettre. Par exemple, A5C9 correspond à la lettre P :

En procédant de cette façon pour chaque inscription visible sur les menottes, on peut former le mot POUCE.

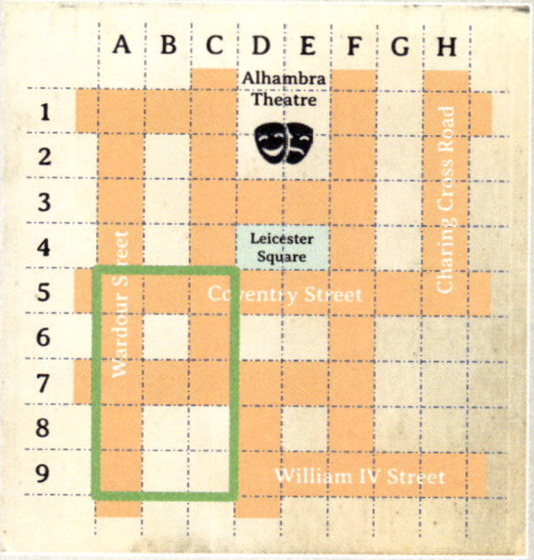

10/05/1903

Compte tenu des indications disponibles, le trait de découpe passe par les cases suivantes pour former le mot FUITE :

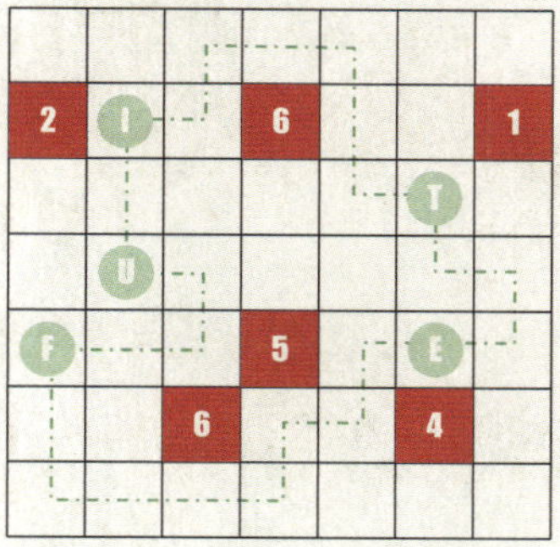

☞ 12/03/1904

En prenant de la distance, on voit le mot JOUER se former sur le billet :

☞ 17/03/1904

Après avoir décodé les techniques de crochetage apprises par Houdini lors de son apprentissage, on parvient à former des lettres sur le schéma des menottes du *Mirror*.

La première technique, qui correspond à l'enchaînement Pêne - Clé - Panneton - Charnière - Poignet gauche - Poignet droit, permet par exemple de tracer la lettre H :

Les menottes du *Mirror* (schéma simplifié)

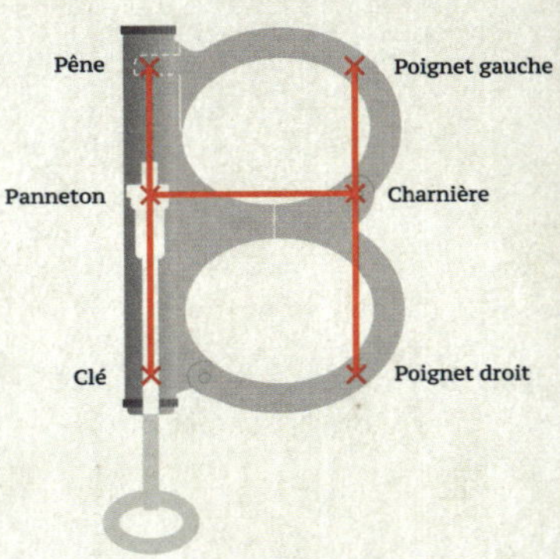

En procédant de la même façon avec chacune des techniques, on forme le mot HÉROS.

☞ 27/11/1906

En identifiant le trajet suivi par Houdini sous l'eau et en reportant les lettres de la grille de mots-croisés du journal situées sur cette trajectoire, on forme le mot PÉRIL :

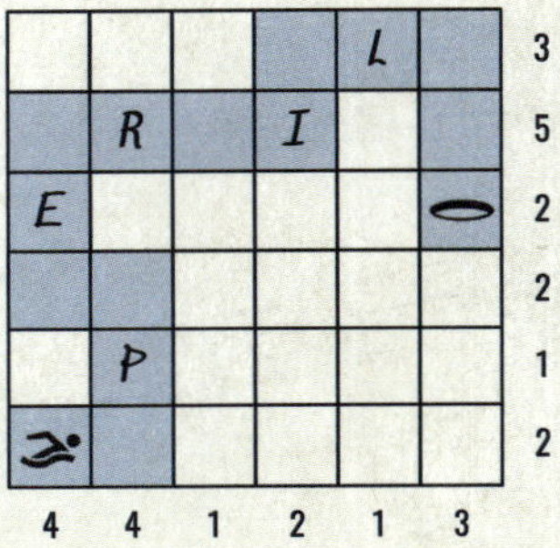

☞ 25/01/1908

Les cadenas sont disposés de la façon suivante :

La serrure recherchée est donc la serrure ROUGE.

☞ 18/03/1910

Le trajet suivi par le biplan de Houdini est le suivant :

Le mot-code formé par les lettres des parcelles orange est VENTS.

☞ 29/04/1911

Le Sudoku figurant sur le poster du « pot à lait miraculeux » permet d'obtenir une correspondance entre les symboles et des chiffres. En remplaçant chacun des symboles sur l'affiche de *Houdini Upside Down* par le chiffre correspondant et en regardant le résultat à l'envers, on obtient le mot-code HELLO.

1	3	4	7	0
0	7	1	3	4
7	4	3	0	1
4	0	7	1	3
3	1	0	4	7

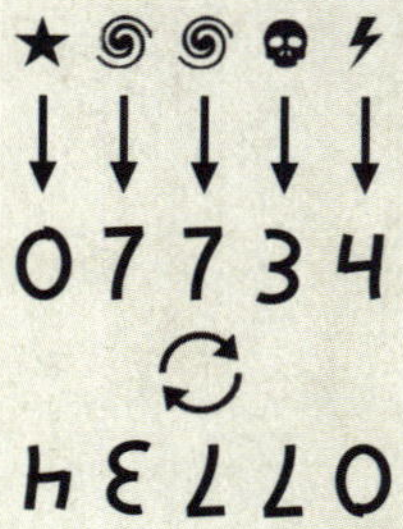

☞ 07/07/1912

Pour chaque assistant de Houdini (souvenir du 27/II/1906), il faut superposer les jours des représentations qui le concernent (souvenir du 29/04/1911) sur un seul et même rectangle, en se basant sur les correspondances entre les couleurs et les villes visitées (souvenir du 18/03/1910). À chaque fois, une lettre apparaît, permettant de former le mot DÉFIS.

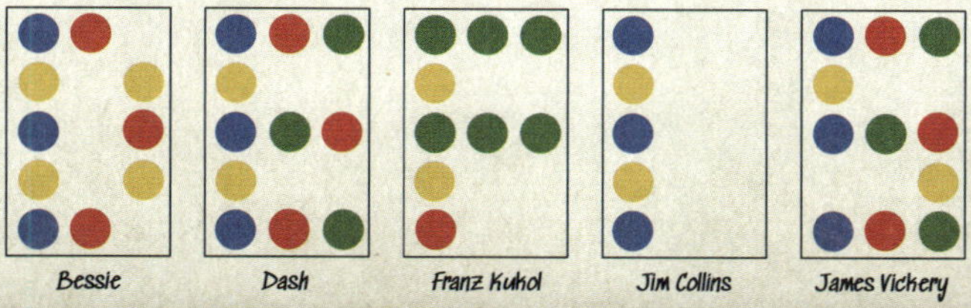

☞ 19/07/1913

Dans le souvenir du 05/10/1892, la seule façon de placer les pierres précieuses est la suivante :

En tenant compte de la correspondance entre les pierres précieuses et les lettres du nom de famille de Cecilia, les joyaux placés sur les emplacements ABCDE forment le mot REINE.

☞ 13/07/1914

La grille complétée permet d'identifier les lettres I, O, U, N et I, pour former le mot INOUÏ.

2	1	3	4	6	5	8	7
4	8	5	6	7	2	1	3
3	4	6	7	1	8	2	5
5	6	1	8	3	7	4	2
6	3	7	2	8	1	5	4
7	5	8	1	2	4	3	6
1	2	4	3	5	6	7	8
8	7	2	5	4	3	6	1

☞ 07/01/1918

En reliant, pour chaque couleur, les symboles dans l'ordre indiqué sur la brique (souvenir du 13/07/1914), on parvient à former des lettres. Par exemple, pour la première couleur, l'orange, on peut tracer la lettre C :

En procédant de la même façon pour les autres couleurs, on obtient le mot CLOWN.

☞ 16/06/1922

En lisant une lettre capitale de début de ligne sur trois, comme l'indique la pagination, on forme la phrase « LE MOT-CODE EST DOUTE ».

☞ 23/07/1924

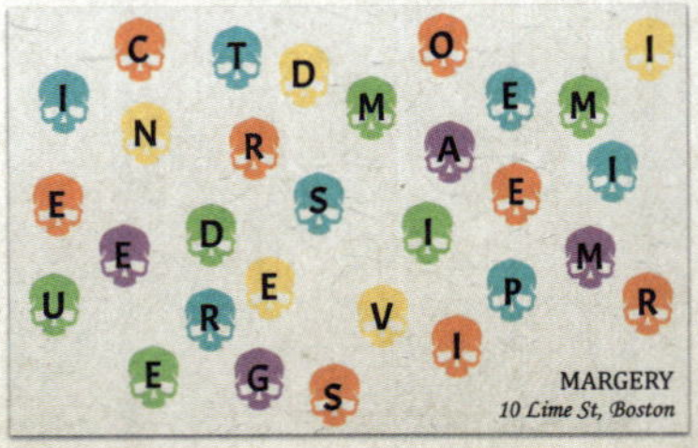

En comparant les deux faces de la carte de visite de Margery, on peut former des mots avec les lettres correspondant à des crânes de même couleur. Après avoir reporté ces mots (qui sont tous de longueur différente et qui ont rapport au spiritisme) dans la grille (souvenir du I9/07/I9I3), on obtient à la verticale le mot PIÈGE :

☞ 22/10/1926

Les sièges inoccupés sont les suivants :

Les lettres identifiées grâce à ces fauteuils permettent de former le mot FORCE.

☞ 31/10/1926

En comparant les tentatives DEUIL et ADIEU, on se rend compte qu'avec une seule lettre de différence (le L de DEUIL qui devient un A dans ADIEU), on perd une lettre du mot-code. C'est donc que la lettre L est bien présente dans le mot-code et que la lettre A n'y figure pas. Sachant que FUTUR ne contient aucune lettre du mot-code, la proposition DEUIL permet d'identifier déjà quatre lettres du mot-code : D, E, I et L.

Grâce à la proposition ATOUT, et sachant que le mot-code ne contient ni A, ni T, ni U (grâce à la déduction ci-dessus et à la tentative FUTUR), on sait que la dernière lettre du mot-code est la lettre O (bien placée en troisième position).

Le mot-code est donc constitué des lettres D, E, I, L et O. La lettre bien placée du mot BRAVE étant forcément le E, on en déduit la seule possibilité : IDOLE.